U0954076

共建“一带一路”国际规则研究

陶平生 等著

Research on Belt and Road Initiative
and International Rules

中国发展出版社
CHINA DEVELOPMENT PRESS

图书在版编目（CIP）数据

共建“一带一路”国际规则研究/陶平生等著．—北京：中国发展出版社，2020.12

ISBN 978-7-5177-1181-0

Ⅰ.①共…　Ⅱ.①陶…　Ⅲ.①“一带一路”—国际合作—研究　Ⅳ.①F125

中国版本图书馆CIP数据核字（2020）第272021号

书　　　名：共建“一带一路”国际规则研究
著作责任者：陶平生　等
出 版 发 行：中国发展出版社
联 系 地 址：北京经济技术开发区荣华中路22号亦城财富中心1号楼8层（100176）
标 准 书 号：ISBN 978-7-5177-1181-0
经　销　者：各地新华书店
印　刷　者：北京市密东印刷有限公司
开　　　本：710mm×1000mm　1/16
印　　　张：15
字　　　数：180千字
版　　　次：2020年12月第1版
印　　　次：2020年12月第1次印刷
定　　　价：58.00元
联 系 电 话：（010）68990535　68990692
购 书 热 线：（010）68990682　68990686
网 络 订 购：http://zgfzcbs.tmall.com
网 购 电 话：（010）68990639　88333349
本 社 网 址：http://www.develpress.com
电 子 邮 件：10561295@qq.com

版权所有·翻印必究

本社图书若有缺页、倒页，请向发行部调换

DRC
2020

国务院发展研究中心研究丛书

编　委　会

主　编： 马建堂

副主编： 王安顺　张军扩　张来明　隆国强　余　斌

编　委：（按姓氏笔画为序）

马　骏　马名杰　马建堂　方　晋　王　微

王忠宏　王金照　王安顺　包月阳　叶兴庆

吕　薇　任兴洲　余　斌　吴振宇　张　琦

张承惠　张军扩　张来明　李志军　李建伟

贡　森　陈昌盛　侯永志　赵昌文　赵树凯

赵晋平　高世楫　隆国强　葛延风

“共建‘一带一路’与国际规则的遵循、完善和创新研究”课题组

课题顾问：

张来明　国务院发展研究中心党组成员、副主任、研究员

课题组长：

陶平生　国务院发展研究中心国际合作局局长、研究员

课题副组长：

余　军　国务院发展研究中心国际合作局副局长

课题协调人：

冯　巍　国务院发展研究中心国际合作局研究与项目处处长

课题联络人：

张友谊　国务院发展研究中心国际合作局助理研究员

课题组成员：

余　军　国务院发展研究中心国际合作局副局长

吕紫剑　国务院发展研究中心国际合作局外事处处长

冯　巍　国务院发展研究中心国际合作局研究与项目处处长

张宏飞　国务院发展研究中心国际合作局综合处处长

张　贺　国务院发展研究中心国际合作局综合处副处长

王莹月　国务院发展研究中心国际合作局

龙应显　国务院发展研究中心国际合作局

张友谊　国务院发展研究中心国际合作局

李佳真　国务院发展研究中心国际合作局

张利爽　国务院发展研究中心国际合作局

邹彧翎　国务院发展研究中心国际合作局

胡王云　北京语言大学讲师

刘晓伟　中国国际问题研究院助理研究员

总　序

为决战决胜全面建成小康社会
贡献高端智库更大智慧和力量

2020 年是全面建成小康社会决战决胜之年和“十三五”规划收官之年。面对突如其来的新冠肺炎疫情，在以习近平同志为核心的党中央坚强领导下，全国人民以习近平新时代中国特色社会主义思想为指导，坚决贯彻落实中央各项方针政策，紧扣全面建成小康社会目标任务，统筹推进疫情防控和经济社会发展工作，迎难而上、奋力拼搏，决战决胜全面建成小康社会，确保如期全面建成得到人民认可、经得起历史检验的小康社会。

小康社会是中华民族对幸福生活的千年期盼，全面建成小康社会是中国共产党的奋斗目标和庄严承诺。党的十八大以来，以习近平同志为核心的党中央顺应我国经济社会新发展和广大人民群众新期盼，提出了全面建成小康社会新的目标要求，赋予了“小康”更高的标准、更丰富的内涵、更全面的要求。全面建成小康社会，是“两个一百年”奋斗目标的第一个百年奋斗目标，是中国共产党向人民、向历史作出的庄严承诺，是中国特色社会主义进入新时代的重大历史任务，也是乘势开启全面建设社会主义现代化国家新征程、实现中华民族伟大复兴中国梦的重要里程碑，具有十分重要的实践意义、历史意义和世界意义。在习近平新时代中国特色社会主义思想指引下，我国决战全面建成小康社会生动展开、决胜在即。

一是经济迈向高质量发展。习近平总书记指出，我国经济已由高速增长阶段转向高质量发展阶段，正处在转变发展方式、优化经济结构、转换增长动力的攻关期。以经济建设为中心是兴国之要，经济迈向高质量发展是全面建成小康社会的重要物质基础。党的十八大以来，我国积极推进一系列体制机制改革和政策创新，大力推动经济发展质量变革、效率变革、动力变革，经济高质量发展取得了显著成效。2012～2019年，我国经济增长平均速度达到7.0%，在世界主要经济体中保持领先，持续成为推动世界经济增长的动力源。2019年，我国GDP达到990865亿元，接近100万亿元，人均GDP按年平均汇率折算达到10276美元，标志着我国经济发展迈上了新的台阶。同时，产业结构持续优化，制造业内部结构升级趋势明显，化解产能过剩取得实效，供给体系质量逐步提高。

二是创新驱动成效显著。习近平总书记强调，创新是引领发展的第一动力。全面建成小康社会，解决我国发展面临的突出短板问题，守住安全底线，提高发展的平衡性、包容性和可持续性，根本的出路唯有实现创新驱动。党的十八大以来，我国持续加大创新资源投入，通过全面深化改革不断释放和激发全社会的创业创新热情，自主创新能力显著增强，创新型国家和人才强国建设取得决定性进展。2012～2019年，全社会研发经费投入从10298亿元增长到21737亿元，7年间翻了一番，目前研发经费支出占GDP比重已达到2.19%，超过欧盟15个初创国家平均水平。持续投入结出了累累硕果，我国在基础研究、前沿技术等领域取得诸多重大突破，产生一批在世界上叫得响、数得着的重大成果。创新对经济社会发展的引领力不断增强，全员劳动生产率稳步提高，2019 年已达到 115009 元/人。科技与经济深度融合，智能制造、无人配送、在线消费、医疗健康等新产业新业态新商业模式持续高速发展，对经济社会发展的支撑作用不断增强，不少领域在全世界处于领先水平，这一点在新冠肺炎疫情暴发期间表现得尤为突出。

三是发展协调性明显增强。习近平总书记指出，现代化建设各个环节、各个方面要协调发展，不能长的很长、短的很短。协调发展是全面建成小康社会的应有之义。从发展目标上说，协调就是要让全体人民共享发展的成果；从发展手段上说，协调就是要扬长避短，既要巩固和厚植原有优势，也要着力破解难题，补齐短板，克服“木桶效应”，从而提高整体发展质量，挖掘发展潜力，增强发展后劲。党的十八大以来，我国一系列重点发展战略举措都体现了协调发展的理念，取得了明显成效。在区域协调发展方面，我国提出了京津冀协同发展、长江经济带发展、粤港澳大湾区建设、长三角一体化发展、黄河流域生态保护和高质量发展等重大战略，持续支持革命老区、边疆地区、贫困地区加快发展，不断缩小地区发展差距。2019 年我国东部地区人均 GDP 是西部的 1.76 倍，比 2012 年下降了 0.08 倍。反映 31 个省区市人均 GDP 不均等程度的基尼系数从 2012 年的 0.237 下降到 2019 年的 0.235。在城乡协调发展方面，着力实施乡村振兴战略，坚持工业反哺农业、城市支持农村和多予少取放活的方针，促进城乡资源均衡配置，加快推进农业农村现代化步伐。2019 年城镇居民人均可支配收入是农村居民的 2.64 倍，比 2012 年明显下降。

四是人民生活水平和质量普遍提高。习近平总书记强调，让老百姓过上好日子是我们一切工作的出发点和落脚点。全面建成小康社会，人民是最终的阅卷人，必须坚持以人民为中心的发展理念，紧紧抓住人民最关心最直接最现实的利益问题。2013～2019年，我国全年城镇新增就业人数都在1300万人以上，在一个有14亿人口的大国实现了比较充分的就业。2012～2019年，我国居民人均可支配收入从16510元增长到30733元，收入分配差距问题有所缓解，中等收入人口比重持续上升，经济增长和社会发展成果真正被广大人民共享。截至2019年底，全国参加城镇职工基本养老保险的有43482万人，参加城乡居民基本养老保险的有53266万人，参加基本医疗保险的有135436万人。作为一个发展中国家，我国建成了全世界覆盖面最广的社会保障网，有效解除了广大人民的后顾之忧。全面小康是惠及全体人民的小康，是没有一个人掉队的小康，其中最艰巨的是打赢精准脱贫攻坚战。习近平总书记多次强调，小康不小康，关键看老乡。2012～2019年，我国年末贫困人口从9899万人减少到551万人，连续7年年均减贫1000万人以上，9000多万人已经稳定脱贫，贫困发生率从10.2%降到0.6%，脱贫攻坚取得了决定性成就。这是人类减贫史乃至发展史上前无古人的壮举。

五是国民素质和社会文明程度显著提高。习近平总书记指出，只有物质文明建设和精神文明建设都搞好，国家物质力量和精神力量都增强，全国各族人民物质生活和精神生活都改善，中国特色社会主义事业才能顺利推向前进。党的十八大以来，中国梦和社会主义核心价值观深入人心，已经内化为人们的精神取向、外化为人们的自觉行动，成为当代中国精神的集中体现，凝结着全体人民共同的价值追求。随着对教育、卫生等公共事业的持续投入，2018年我国劳动年龄人口的平均受教育年限达到10.63年，人均预期寿命达到77岁，国民思想道德素质、科学文化素质、健康素质明显提高，为创建知识型、技能型、创新型劳动者大军提供了坚实人力基础。特别是在2020年初新冠肺炎疫情暴发后，习近平总书记亲自指挥、亲自部署，始终把人民群众生命安全和身体健康放在第一位，带领全党全国人民打响疫情防控的人民战争、总体战、阻击战，并迅速扭转局面，取得疫情防控持续向好态势，有力保障了人民健康安全。

六是生态环境质量总体改善。习近平总书记强调，环境就是民生，青山就是美丽，蓝天也是幸福。良好的生态环境是最公平的公共产品和最普惠的民生福祉，是全面建成小康社会的重要内容，否则，就会影响小康社会的“成色”。党的十八大以来，我国明确实行了最严格的生态环境保护制度，逐步健全了以主体功能区制度为核心，以源头预防、过程控制、损害赔偿和责任追究为主要内容的生态文明制度体系。党的十九大提出要坚决打好污染防治攻坚战，以改善生态环境质量为核心，以解决人民群众反映强烈的突出生态环境问题为重点，围绕污染物总量减排、生态环境质量提高、生态环境风险管控三类目标，全面推进蓝天保卫战，着力打好碧水保卫战，扎实推进净土保卫战，大力开展生态保护和修复，强化生态环境督察执法，保证党中央关于生态文明建设决策部署落地生根见效。由于这些努力，近年来我国环境质量改善速度之快前所未有，生态环境发生了历史性、转折性和全局性的变化。空气质量明显改善。2019年，在监测的337个地级及以上城市中，空气质量达标的城市占46.6%，比最近可比的2015年提高了25个百分点；全国细颗粒物（PM2.5）未达标地级及以上城市的年平均浓度为40微克/立方米，比2015年下降了29.8%。水环境质量明显好转。全国地表水Ⅰ－Ⅲ类水体比例达到70%以上，劣Ⅴ类水体比例控制在5%以内。能源资源消费更加集约。2019年，每万元国内生产总值用能量为0.49吨标煤，比2012年下降了24.5%；每万元国内生产总值用水量67立方米，比2012年下降了38.8%。

七是各方面制度更加成熟更加定型。习近平总书记指出，新时代改革开放具有很多新的内涵和特点，其中很重要的一点就是制度建设分量更重，改革更多面对的是深层次体制机制问题，对改革顶层设计的要求更高，对改革的系统性、整体性、协同性要求更高，相应地，建章立制、构建体系的任务更重。全面小康是我国近现代发展史上的一次重大历史变革，其建成、巩固以及在此基础上开启我国社会主义现代化国家建设新征程，都要依靠沿着正确方向深化改革形成的成熟定型的国家制度和国家治理体系。党的十八届三中全会开启了全面深化改革、系统整体设计推进改革的新时代。近几年来，我国坚持和完善党的领导制度体系、人民当家作主制度体系、中国特色社会主义法治体系、中国特色社会主义行政体制、社会主义基本经济制度、繁荣发展社会主义先进文化的制度、统筹城乡的民生保障制度、共建共治共享的社会治理制度、生态文明制度体系等，主要领域的基础性制度体系基本形成，重要领域和关键环节改革成效显著，按制度办事、依法办事意识普遍提高，运用制度和法律治理国家的能力显著增强，各方面制度优势正不断转化为管理国家的效能，为全面建成小康社会提供了强大制度保障。

在决战决胜全面建成小康社会的宏伟征程中，国家高端智库肩负着光荣而重大的职责使命。今年以来，国务院发展研究中心深入学习贯彻习近平新时代中国特色社会主义思想，深入学习贯彻习近平总书记重要指示批示精神和党中央决策部署，扎实开展“不忘初心、牢记使命”主题教育，不断增强“四个意识”、坚定“四个自信”、做到“两个维护”，党的建设自觉性主动性和初心使命意识进一步增强，为党咨政、为国建言的质量进一步提高，支撑主责主业、服务中央决策的能力进一步提升，政务运转和服务保障工作进一步提效，国际交流合作机制进一步深化，“智库创新工程”带动智库体制机制建设实现新的突破，国家高端智库建设迈上新的台阶。

过去一年，我们围绕经济社会发展全局性、战略性、前瞻性、长期性和重点热点难点问题开展深入研究，推出一大批高质量研究报告，进一步提高了服务中央决策的能力和水平，共完成几十项中央交办重大课题，高质量完成长江三角洲区域一体化、海南自由贸易港制度与政策体系等多项重大研究任务。

呈现在读者面前的这套“国务院发展研究中心研究丛书2020”，就是一年多来中心部分代表性成果的集中展示。本年度丛书计划出版10余部著作，其中包括国务院发展研究中心重大研究课题报告和研究部（所）承担的重点研究课题报告。这也是“国务院发展研究中心研究丛书”自2010年至今连续第11年出版。11年来，丛书累计出书150余种，受到社会各界读者，特别是中央和地方各级领导同志以及政策咨询研究机构工作人员的高度关注和广泛好评，成为我国智库业界的知名出版物。在此，我谨代表国务院发展研究中心和丛书编委会，向广大读者表示真诚的感谢，希望丛书继续得到领导、专家、读者们的关心、指导和帮助。

当前，我国正站在一个开启全面建设社会主义现代化国家伟大征程的新起点上。国务院发展研究中心将更加紧密地团结在以习近平同志为核心的党中央周围，继续深入学习习近平新时代中国特色社会主义思想，全面贯彻党的十九大和十九届二中、三中、四中全会精神，不忘初心、牢记使命，唯实求真、守正出新，持续提高综合研判和战略谋划能力，加快智库体制机制创新，着力深化国际交流合作，奋力开拓国家高端智库建设新局面，为推进国家治理体系和治理能力现代化、决战决胜全面建成小康社会、实现“十三五”完美收官和“十四五”顺利开局、向第二个百年奋斗目标进军，贡献更大的智慧和力量！

2020 年 8 月 17 日

（作者为国务院发展研究中心党组书记、研究员）

前 言

2013 年来，共建“一带一路”遵循共商共建共享原则，逐渐从理念、倡议、愿景变为现实，建设成果丰硕，成为中国参与全球开放合作、促进全球共同发展繁荣、推动构建人类命运共同体的重要实践平台，已经对全球经济治理机制和规则产生了深刻影响。

现阶段，加强“一带一路”倡议与相关国际规则的遵循、完善和创新十分必要和紧迫，亟须加强国际规则“软联通”。从全球经济治理和国际规则视角探讨“一带一路”倡议，具有十分重要的理论和政策意义。

本书基于习近平主席关于“一带一路”国际规则与全球治理的重要论述，结合国际政治经济学、国际组织和全球治理的相关理论，以及“一带一路”国际合作的具体实践，梳理当代全球经济治理规则体系，评估共建“一带一路”和债务与融资、绿色发展、包容性发展、透明与反腐败、第三方市场合作等领域相关国际规则的现状、成效及挑战，提出共建“一带一路”与国际规则遵循、完善、创新的原则与思路，并就以下方面提供政策建议：共建“一带一路”与部分领域国际规则的有序对接，对部分领域国际规则进行的完善和创新，完善和创新的机制、路径和优先次序，以及中国在遵循、完善和创新“一带一路”有关国际规则中发挥的作用等。

本书主要观点包括：第一，基于普适性、强制性、精准性和授权性四维评估框架，指出当前“一带一路”项目总体遵循和对接各领域通行国际规则，特别是遵循联合国制定的相关国际规则；第二，外媒大样本数据和国际智库问卷调研表明，“一带一路”合作伙伴总体认可“一带一路”项目对接通行国际规则，建议在绿色发展、透明与反腐败领域进一步遵循已有国际规则；第三，加强“一带一路”国际规则建设，应坚持“以遵循为主体，完善创新为补充”的总体原则，绿色发展、透明与反腐败等领域以遵循已有国际规则为主，包容性发展、债务与融资、第三方市场合作等领域进行必要完善和创新；第四，提出择机成立丝路合作与发展组织、完善国际规则执行机制、分类制定企业参与“一带一路”项目行为总则、发挥智库联盟作用等政策建议。

本书包括一个总报告《共建“一带一路”与国际规则的遵循、完善和创新研究》以及六个专题报告，分别为世界银行、经济合作与发展组织、世界贸易组织、亚洲基础设施投资银行、欧洲复兴开发银行、国际货币基金组织对共建“一带一路”对接国际规则启示的专题研究。

目　录

总报告

共建“一带一路”与国际规则的遵循、完善和创新研究 ………………… 1
一、共建“一带一路”与国际规则的遵循、完善
和创新研究的背景、意义和方法 ………………………………………… 1
二、国际规则的内涵和理论范式…………………………………………… 6
三、国际规则的评估框架 ………………………………………………… 16
四、分领域评估共建“一带一路”与相关国际规则
的现状、成效及挑战 ……………………………………………………… 19
五、国际社会针对“一带一路”对接国际规则态度的量化分析 ………… 27
六、共建“一带一路”与国际规则遵循、完善、创新的原则与思路……… 40
七、共建“一带一路”与国际规则完善和创新的政策建议 ……………… 48

专题报告

世界银行对“一带一路”国际规则的启示 ……………………………… 52
一、世行绿色发展规则制定背景和主要内容……………………………… 53
二、世行包容性发展规则制定背景和主要内容 …………………………… 59
三、世行透明和反腐败规则制定背景和主要内容 ………………………… 62
四、世行相关国际规则评价 ……………………………………………… 68
五、对“一带一路”国际规则的启示 ……………………………………… 70

专题报告二

经合组织对“一带一路”国际规则的启示 …… 73

一、OECD 国际规则简述 …… 74

二、OECD 相关国际规则的评价 …… 82

三、对“一带一路”国际规则的启示 …… 85

专题报告三

世界贸易组织对“一带一路”国际规则的启示 …… 93

一、WTO 的成立背景和发展历程 …… 93

二、WTO 的组织架构和法律框架 …… 95

三、WTO 的主要规则 …… 98

四、对 WTO 相关规则的评价 …… 106

五、WTO 规则面临的挑战 …… 109

六、对“一带一路”国际规则的启示 …… 111

专题报告四

亚洲基础设施投资银行对“一带一路”国际规则的启示 …… 116

一、亚投行规则体系 …… 116

二、亚投行国际规则的主要内容 …… 117

三、亚投行相关规则的评价 …… 123

四、亚投行相关规则的执行情况 …… 132

五、对“一带一路”国际规则的启示 …… 139

专题报告五

欧洲复兴开发银行对“一带一路”国际规则的启示 …… 144

一、欧洲复兴开发银行简介 …… 144

二、欧洲复兴开发银行国际规则和做法特点 …… 146

三、对“一带一路”国际规则的启示 …… 152

专题报告六

国际货币基金组织对“一带一路”债务可持续性规则的启示 ……… 155
一、IMF 债务可持续性规则提出的背景 ……………………………… 158
二、IMF 债务可持续性规则的主要内容 ……………………………… 164
三、IMF 债务可持续性规则评价 ………………………………………… 177
四、对“一带一路”国际规则的启示 …………………………………… 180

附录一　各次区域媒体对“一带一路”对接相关国际规则报道情况 …… 187
附录二　丝路国际智库网络“一带一路”与国际规则调研问卷 ………… 192
附录三　共建“一带一路”大事记…………………………………………… 203

总报告

共建“一带一路”与国际规则的遵循、完善和创新研究

一、共建“一带一路”与国际规则的遵循、完善和创新研究的背景、意义和方法

（一）研究背景和意义

2013 年来，共建“一带一路”遵循共商共建共享原则，“朋友圈”不断扩大，已经对全球经济治理机制和规则产生深刻影响。共建“一带一路”逐渐从理念、倡议、愿景变为现实，建设成果丰硕，成为中国参与全球开放合作、促进全球共同发展繁荣、推动构建人类命运共同体的重要实践平台。从全球经济治理和国际规则视角探讨“一带一路”倡议，具有十分重要的理论和政策意义。

习近平主席在第二届“一带一路”国际合作高峰论坛开幕式上的主旨演讲中指出，要努力实现高标准、惠民生、可持续目标，引入各方普遍支持的规则标准，推动企业在项目建设、运营、采购、招投标等环节按照普遍接受的国际规则标准进行，同时要尊重各国法律法规[①]。党的

---

① 习近平主席在第二届“一带一路”国际合作高峰论坛开幕式上的主旨演讲。http：//www. xinhuanet. com/silkroad/2019 －04/26/c_ 1124420187. htm.

十九届五中全会审议通过的《中共中央关于制定国民经济和社会发展第十四个五年规划和二〇三五年远景目标的建议》指出，共建“一带一路”高质量发展，要推进战略、规划、机制对接，加强政策、规则、标准联通。

现阶段，“一带一路”倡议在与国际规则对接方面面临不少挑战，加强“一带一路”倡议与相关国际规则的遵循、完善和创新十分必要和紧迫。

一是共建“一带一路”高质量发展的客观需要。“一带一路”建设向纵深推进，面临日益增多的各种挑战和争端，对相关国际规则提出更高要求。“一带一路”建设推进过程中注重基础设施的“硬联通”，而相关国际规则和标准对接不完善，亟须加强规则、标准和机制的“软联通”，下大力气做好国际规则和标准对接。

二是回应国际社会特别是发达国家对“一带一路”相关国际规则的质疑。有关国家无视“一带一路”倡议积极对接和遵循通行国际规则，质疑“一带一路”项目存在“债务陷阱”、不透明、包容性不足以及与国际规则耦合不力等问题。

三是符合沿线国家共同发展的必然要求。共建“一带一路”，目的是聚焦互联互通，深化务实合作，实现互利共赢、共同发展。当前，全球经济治理规则体系代表性和包容性很不够，新兴市场国家和发展中国家话语权不足。国际规则应由各国共同书写，全球事务应由各国共同治理，发展成果应由各国共同分享。共建“一带一路”对接相关国际规则，应致力于推动全球治理体系更加平衡地反映大多数国家特别是发展中国家的意愿和利益，助力通行国际规则适应沿线国家发展阶段。

四是落实共商共建共享理念的规则保障。共建“一带一路”不是中国的独角戏，应由沿线国家共同推动、共同建设、共同受益。落实共商共建共享急需有效的“一带一路”相关国际规则，不断汇聚国际发展共识，增强沿线国家和地区利益共同体和命运共同体意识，调动更多力量参与“一带一路”建设，为落实“一带一路”共商共建共享理念提供可持续的规则保障。

五是后疫情时代助力全球经济社会可持续发展的现实要求。当前，世界经济遭受疫情和逆全球化的双重压力，全球经济社会发展陷入衰退，经济全球化和全球治理体系遭遇巨大冲击。共建“一带一路”作为促进全球经济社会可持续发展的多边开放合作平台及参与全球经济治理的国际合作机制，加强其与相关国际规则的遵循、完善和创新，有利于促进全球经济复苏和落实可持续发展目标，有利于推动经济全球化向开放、包容、普惠、平衡、共赢的方向发展，有利于全球经济治理体系改革。

根据习近平主席关于“一带一路”倡议、全球治理和国际规则的重要论述，为推动共建“一带一路”高质量发展，一方面要积极对接和充分遵循现有全球经济治理体系下普遍接受的国际规则、标准和最佳实践，做好规则标准的软联通，为共建“一带一路”保驾护航；另一方面，要积极参与全球治理体系变革，推动开放、绿色、创新、包容、合作、廉洁“一带一路”，更加平衡地反映共建国家的意愿和利益。

（二）已有研究综述

目前，与共建“一带一路”相关的国际规则仍有较多研究空白，尤其缺乏全面、系统的关于共建“一带一路”与国际规则的遵循、完善和创新研究。

国内方面，来自中共中央党校、北京大学等机构的学者尝试构建“一带一路”“软联通”指标评估体系，但并未上升到规则层面；来自中国国际发展知识中心、中国人民大学、复旦大学、商务部国际贸易经济合作研究院、中国国际问题研究院等机构的学者分别在“一带一路”债务可持续性、反腐败规则、国际贸易投资规则体系等具体领域取得一定研究进展，但多聚焦共建“一带一路”与个别领域国际规则的对接或冲突，尚无系统分析。如王桂泉（2018）、梅冠群（2019）从贸易投资，傅京燕、程芳芳（2018）从绿色发展，高传胜（2017）、王新建（2018）从包容性发展，曹文炼（2018）从第三方市场合作等方面探讨“一带一路”国际规则的必要性。

国外学者多关注宏观层面“一带一路”倡议是否挑战现有国际规则体系，案例和实证研究偏少。如美国主流国际问题智库布鲁金斯学会（Brookings Institute）于2017年发布的《中国的“一带一路”：美方观点》、外交关系委员会（Council on Foreign Relations）于2018年发布的《“一带一路”的地缘战略和军事动机及意涵》和国际战略研究中心（Center for Strategic and International Studies）2018年发布的《中国的“一带一路”倡议：五年回顾》等报告认为，“一带一路”倡议的目的在于挑战现有国际规则（Meltzer 2017；Ratner 2018；Hillman 2018），特别是在债务可持续、绿色发展、透明与反腐败等领域。仅有美国约翰霍普金斯大学黛博拉（2020）等少数学者认为“一带一路”倡议符合现有国际规则。但多为笼统研究，相关案例和实证研究偏少。

现有研究有以下主要缺陷：

一是多聚焦共建“一带一路”与个别领域国际规则的对接或冲突，尚无系统分析；

二是尚未明确共建“一带一路”应在哪些领域对接现有国际规则，如何对接；

三是尚无相关领域遵循、完善和创新国际规则的整体思路和路径。

（三）主要研究内容和方法

本书基于习近平主席关于“一带一路”国际规则与全球治理的重要论述，结合国际政治经济学、国际组织和全球治理的相关理论，以及“一带一路”国际合作的具体实践，梳理当代全球经济治理规则体系，评估共建“一带一路”和债务与融资、绿色发展、包容性发展、透明与反腐败、第三方市场合作等领域相关国际规则的现状、成效及挑战，提出共建“一带一路”与国际规则遵循、完善、创新的原则与思路，并就以下方面提供政策建议：共建“一带一路”与部分领域国际规则的有序对接，对部分领域国际规则进行的完善和创新，完善和创新的机制、路径和优先次序，以及中国在遵循、完善和创新“一带一路”有关国际规则中发挥的作用等。

本课题主要采用文本分析、量化分析、问卷调研、半结构式访谈的研究方法。

1. 文本分析

整理 2013 年以来习近平主席关于“一带一路”各类讲话，就其中涉“一带一路”国际规则相关内容进行文本分析和梳理。

2. 量化分析

依托谷歌全球事件、语言和音调数据库（GDELT）汇总涉“一带一路”国际规则外媒报道共计 1.5 万余则，量化分析国际社会关于“一带一路”国际规则的态度。

3. 问卷调研

丝路国际智库网络（SiLKS）秘书处 2019 年 8 ~ 10 月对 55 家成员和伙伴涉“一带一路”研究人员进行电话和网络问卷调查，共收回 63 份有效问卷。依托 SiLKS“一带一路”相关国际规则问卷，分析“一带一路”沿线重要智库和国际组织关于“一带一路”与国际规则关系的态度。

4. 半结构式访谈

（1）2019 年 10～11 月，课 n 题组部分成员赴埃塞俄比亚、肯尼亚就“一带一路”国际规则相关问题开展专题访谈调研，与两国有关智库以及非盟、联合国非洲经济委员会和联合国环境规划署等国际组织进行座谈交流。

（2）2019 年 10 月，课题组就“一带一路”国际规则相关议题与外交部、国家发展和改革委员会等部委，中国社会科学院、商务部研究院等智库，清华大学、人民大学等高校，中国进出口银行、对外承包工程商会等金融机构和行业协会相关专家座谈。

二、国际规则的内涵和理论范式

（一）国际规则的内涵

布尔（1977）对规则进行了明确界定：规则就是要求或准许某一类人或团体以某种特定方式行为的一种指令性原则。克拉斯诺（1982）在界定国际机制的过程中对原则、规则、规范等相近的几个概念作了比较明确的区分。根据其定义，国际机制是指“在国际关系特定领域里行为主体愿望汇集而成的一整套明示或暗示的原则、规范、规则和决策程序”。其中，“原则”是指“关于事实、因果关系和公正的信仰”；“规范”是指以权利和义务方式确立的行为标准；“规则”是指指导行为的特别规定或禁止某些行为的规定；“决策程序”是指制定和执行集体选择的主导实践活动。在克拉斯诺看来，规则与原则、规范有联系，但也有重大区别：原则和规范关注国家行为的大方向，规则是指更明确、更具体、更具可操作性的规定，包括国家行为哪些事情是可为的，哪些是不可为的，违反相关规定会受到何种惩罚。

基欧汉（1989）则强调国际规则在国际制度中的重要性：所谓“国际制度”，是指“有关国际关系特定问题领域内经由政府同意建立的有明确规则的制度”，是指“规定行为角色、限制活动、并塑造预期的持久的和相互联系的（正式的和非正式的）成套规则”①。在某种程度上，这是一种“制度即规则”的定义，尽管基欧汉认为国际制度除了国际规则，还包括各种国际机制、国际组织、国际条约、国际惯例等。国际制度既是国际规则本身，也是国际规则的实施机制。在此意义上，可以把国际制度看作国际规则的外化。

在世界政治经济领域存在很多制约国家行为和国家间互动的国际规则。学界有关国际规则的探讨主要集中于以下领域：什么是国际规则、国际规则为什么重要、国际规则如何为国家所接受、国际规则如何形成和变革等。

在克拉斯诺（1982）、基欧汉（1989）等关于国际规则的定义基础上，本课题提出关于国际规则的操作性定义：国际规则指对至少两个以上国家有约束力的、可操作性的、关于要求某些行为或禁止某些行为的具体规定，并通过国际机制来实施。

（二）全球治理及相关理论范式

本课题集中探讨全球治理，特别是全球经济治理的相关规则。全球治理概念源起于20世纪70年代，基欧汉和奈（1977）将全球化描述为一个“复杂性的独立”时期，看到了全球治理的必要性正与日俱

---

① Robert Keohane, International Institutions and State Power: Essays on International Relations Theory, Westview Press, 1989, p4.

增，呼吁建立相关国际机制和规则进行管理。罗森瑙（1992）把全球治理定义为“人类活动所有层面的规则体系——从家庭到国际组织，以及为了实现这些规则而进行的具有跨国影响力的控制活动”[①]。联合国全球治理委员会（UNCGG，1995）也对全球治理做出定义：“治理是指各种公共或私人的机构管理其共同事务活动中诸多方式的总和。它是使相互冲突的或不同的利益得以调和，并且采取联合行动的持续过程。它既包括有权迫使人们服从的正式制度和规则，也包括各种人们同意或以为符合其利益的非正式的制度安排”[②]。

当代全球经济治理的重大特征是基于规则的治理。基于赵隆（2011）的前期研究，根据关于规则的不同态度，可划分为以权力主导规则设置为核心的现实主义规则观、以制度和规则促进合作为核心的自由制度主义规则观，以及以多元与协调为核心的全球多层次规则观。

现实主义规则观认为，权力是世界政治经济中的核心变量，国际规则的重要性主要体现在显示、维护和增加大国权力上，任何国际规则无非都是大国影响政治经济格局的工具，即大国工具论。古典现实主义者认为，国际规则、国际机制不过是权力与国家利益的副产品。新现实主义国际政治经济学的代表人物克拉斯诺虽然承认国际规则对国家行为有一定规范作用，但最终是依附于权力结构的“干预性变量”。

自由制度主义规则观主要是从理性功能主义的角度，从经济学市

① James Rosenau and Ernst-Otto Czempiel eds.，Governance without Government：Order and Change in World Politics，Cambridge University Press，1992，p1 –29.

② Commission on Global Governance：Our Global Neighborhood. Oxford University Press，1995，p2 –3.

场失灵理论出发，认为国际规则具有帮助国家克服集体行动困境、促进国家采取合作行为的功能，有助于实现共同发展，是一个不依附于大国权力的“独立变量”，即增进合作论。

全球多层次规则观认为，国家并非全球治理和国际规则的唯一重要行为体，非政府组织、个人也能参与国际规则制定和实施，即多方参与论。

2016 年 9 月 3 日，习近平主席在二十国集团工商峰会开幕式上的主旨演讲中指出，全球经济治理应该以合作为动力，全球性挑战需要全球性应对，合作是必然选择，各国要加强沟通和协调，照顾彼此利益关切，共商规则，共建机制，共迎挑战。全球经济治理应该以共享为目标，提倡所有人参与，所有人受益，不搞一家独大或者赢者通吃，而是寻求利益共享，实现共赢目标。

本文聚焦通过国际规则促进合作的自由制度主义规则观，探讨在当代全球经济治理规则背景下如何推动“一带一路”与相关国际规则的遵循、完善和创新，以及如何推动全球经济治理规则的改革和完善。第二次世界大战以来的国际政治经济治理实践表明，国际规则能够起到推动合作、增进共识的作用。当代国际政治经济秩序，也是建立在联合国、世界贸易组织等重大国际合作机制制定的相关国际规则的基石上。共建“一带一路”向纵深推进，成为各方合作共赢的多边、开放国际平台，也必须要有相关国际规则作为支撑。“一带一路”相关国际规则不是另起炉灶、与现有国际政治经济秩序对撞，而应充分推动与现有国际规则体系的耦合，着重对现有国际规则体系的借力和完善。

（三）当代全球经济治理规则简述

第二次世界大战以后的国际治理体系和治理规则，主要是以美国为首的西方国家主导建立的。在经济治理领域，国际货币基金组织（IMF）、世界银行和世界贸易组织（WTO）（前身关贸总协定 GATT），三者共同构成了全球经济治理的三大支柱。此外，联合国经社理事会（ECOSOC）、贸发会议（UNCTAD）、经合组织（OECD）、国际清算银行（BIS）等机构也承担了部分职能。欧盟、东盟、亚太经合组织（APEC）等区域性组织和西方七国首脑会议（G7）、上海合作组织、金砖国家（BRICS）、二十国集团（G20）等跨区域合作机制在全球治理问题上也日益发挥重要作用。这些不同领域和层次的机构及其机制，共同组成了现有全球经济治理的基本架构；这些机制在贸易、投资、金融、发展合作等领域的主要规则，构成了当代全球经济治理规则体系。

1. 债务与融资领域

（1）债务形成

经合组织发展援助委员会（OECD DAC）对发达国家开展官方发展援助（ODA）制定了明确规则，其核心是贷款需具有优惠性，即赠与部分至少占 25%。此外，经合组织还通过了《官方支持的出口信贷安排》（*Arrangement on Officially Supported Export Credits*）对提供官方支持的出口信贷时所适用的融资条款和条件（偿还条款，最低保费率，最低利率）以及参与者使用附加援助的条件进行了限制，确保出口信贷的优惠度。

（2）债务管理

当前最通行的关于债务管理的国际规则是 IMF 和世界银行制定的债务可持续性框架（DSF），主要内容包括定期对低收入和中等收入国家进行国家债务的“结构性审查”，分析一个国家未来 20 年的预计债务负担及其对外部和政策冲击的脆弱性，在该时期对外债务困扰的风险评估的基础上，债务负担阈值取决于国家的政策和金融机构的水平，每个等级的债务水平均有设定的门槛，对借方和贷方提出的避免债务风险的建议①。

（3）债务重组和减免

由主要债权国组成的巴黎俱乐部②提出针对重债穷国的债务重组和减免的六项原则：一是“一致行动”原则，即所有成员国必须团结一致，采取共同行动；二是“达成共识”原则，即巴黎俱乐部所有决定需成员国全体同意才能达成；三是“信息共享”原则，即巴黎俱乐部是债权国交流信息的特定平台，成员国之间定期分享债务国信息和索赔数据，对外则保密；四是“个案原则”，即对每个债务国的重组，均依照具体情况进行处理；五是“符合条件”原则，即债务国需按照IMF的要求对本国经济进行改革，以从根本上解决债务问题；六是“待遇可比”原则，即债务国对非成员债权国的偿还条件不得优于其与巴黎俱乐部所达成的条款③。

2. 绿色发展领域

（1）《巴黎协定》

2015年12月，《联合国气候变化框架公约》近200个缔约方在巴黎气候变化大会上达成《巴黎协定》。该协定主要目标是将21世纪全球平均气温上升幅度控制在2℃以内，并将全球气温上升控制在前工业化时期水平之上1.5℃以内。《巴黎协定》具有法律约束力，各国按照共同但有区别的责任，以“国家自主贡献”方式来参与全球应对气

---

① 参见世界银行债务可持续性分析；国际货币基金组织债务可持续性分析与简介。

② 巴黎俱乐部成立于1956年，源于因阿根廷债务危机而在法国巴黎召开的主要债权国会议。此后，巴黎俱乐部演变为世界主要债权国组成的以协商解决债务国困境为目的的非正式组织，至今已先后对90个债务国达成了433项协议，涉及债务金额5830亿美元。

③ 参见巴黎俱乐部官网。

候变化行动，接受国际社会监督，每5年进行一次评估。

（2）世界银行《环境与社会框架》

该框架于2018年10月进行更新，广泛而系统性地涵盖了环境和社会风险。具体规定包括：在世界银行通过投资项目融资所支持的项目的各阶段，借款国对环境和社会风险与影响负有评价、管理和监测的责任，以取得与世行环境和社会标准相符的环境和社会效果；认识到经济活动和城市化通常会对空气、水和土地造成污染，提出在整个项目周期内的资源效率与污染预防和管理的要求；认识到保护生物多样性及生物自然资源的可持续性管理是实现可持续发展的根本所在；认识到借款国与项目的利益相关方以公开和透明的方式参与的重要性等①。

（3）经合组织《跨国企业准则》

该准则于1976年制定，此后多次修订。根据该准则，企业应建立环境管理制度，以收集并评价其环境、卫生和安全影响的相关信息，及时向公众和员工提供有关潜在环境影响的信息，并建立国家联络点机制执行。

（4）欧盟相关绿色规则

欧盟规定成员国应履行《联合国气候变化框架公约》以及其他多边环境协议。由欧盟主导的区域贸易协定鼓励协定国家政府和非政府组织、企业共同促进清洁技术行业发展，促进减缓气候变化的贸易和投资（如可再生能源和节能产品和服务）。《欧洲能源宪章》第19条规定，缔约方同意力求以经济高效的方式降低对环境的不良影响。欧盟委员会于2004年发布《绿色采购手册》（*Handbook on Green Public*

① 参见世界银行官网。

Procurement）（以下简称《手册》），为公共机构的绿色采购提供可操作的参考。该《手册》基于全生命周期理念，要求各成员国的采购机构在满足采购需要的同时为经济、社会谋求福利，并将环境影响降至最低。

3. 包容性发展领域

（1）国际劳工组织系列公约

该组织作为联合国专门机构，旨在促进充分就业和提高生活水平，促进劳资双方合作，扩大社会保障措施，保护工人生活与健康，主张通过劳工立法来改善劳工状况，进而获得世界持久和平，促进社会正义。该组织采用国际劳工公约和国际劳工建议书的形式制定国际劳工标准，其内容涵盖劳资关系、废除强迫劳动、废除童工、机会和待遇平等。中国是国际劳工组织的创始国之一。截至目前，中国共批准了 26 项国际劳工公约，特别是《就业和职业歧视公约》，对员工待遇、职业培训等作出明确要求。

（2）联合国全球契约

1999 年，时任联合国秘书长科菲·安南在世界经济论坛提出了“全球契约（Global Compact）”计划。该计划于次年正式实施，号召各国企业自觉遵守人权、劳工标准等 10 项原则，包括杜绝任何在用工与职业方面的歧视行为。目前有 140 多个国家的 12000 多个企业签署。

（3）世界银行《环境与社会框架》

涉及包容性发展领域条款包括：借款国应确保项目工作人员得到公平对待，并为其提供安全健康的工作环境，从而促进建立良好的工作人员—管理层关系，提升项目的发展效益；涉及受项目影响社区的健康和安全风险与影响以及借款国的相应责任，旨在避免或最大程度地减少上述风险与影响，并重点关注因特殊情况而导致的弱势群体；

应避免非自愿移民。当非自愿移民无法避免时，应在最大程度上减少移民，并应缜密规划和实施适当措施，以缓解对移民（和收留移民的安置社区）的不利影响等①。

4. 透明与反腐败领域

（1）《联合国反腐败公约》

该公约是唯一一份具有法律约束力的国际性反腐败法律文件。公约建立了一系列综合性的反腐败措施，在完善国内预防与打击腐败犯罪、加强国际合作与交流、促进司法协助方面制定了具体的执行方案，特别强调公开采购、信息披露等。中国于2003年12月签署该公约。

（2）世界银行采购规则

世界银行采购政策要求对贷款的使用进行严格监督，要求国际竞争性招标，严厉禁止招投标过程中任何腐败行为。世界银行为项目采购贷款的使用和监督制定了采购规则，包括项目实施需要有经济性和效率性，以及项目所需的货物和土建工程的采购；给予世界银行成员合格投标人参与采购竞争的公平机会；鼓励支持借款国发展本国产业和咨询服务；公开的采购程序。

（3）经合组织反腐败文件

经合组织《跨国企业准则》《反贿赂公约》等文件对东道国进行尽职调查，提供了惩戒跨国商业贿赂行为的建议，即各缔约方应考虑在制裁外给予民事或行政处罚，对非法所得的财产予以查封、没收或处以适当的罚款。

5. 第三方市场合作领域

当前，国际社会对第三方市场合作领域尚无明确规则。部分国际

---

① https：//projects. shihang. org/zh/projects-operations/environmental-and-social-framework/brief/environmental-and-social-standards？cq_ ck = 1522164538151#ess1.

组织尝试对三方合作进行界定。OECD DAC 将三方合作定义为“DAC 成员国与关键国家在受惠国共同开展的发展合作项目或计划。”[①] 联合国则更突出“南南合作”内涵，如联合国官方定义为“由发达国家或国际组织支持实施发展项目，以支持两个或更多南方国家间的伙伴关系”[②]；联合国工业发展组织定义为“‘北方国家’或国际组织为两个或以上‘南方国家’的产业合作提供技术与资金支持。”

上述定义强调了三种不同类型的行动者的结合：第一，传统援助者充当“促进者”角色，提供技术援助和资金，通过建立广泛的发展机构网络支持三方合作；第二，新兴大国或其他中等收入国家扮演“关键国家”角色，提供技术援助与发展经验；第三，取得三方合作成果的第三国需拥有产业所有权，并确保合作成果可持续[③]。

由于中国是第三方市场合作的开创者，目前相关实践以及规则酝酿主要发生在中国与其他国家之间。2019 年，“第三方市场合作”首次出现在中国政府工作报告中。工作报告强调要“坚持共商共建共享，遵循市场原则和国际通行规则，发挥企业主体作用，推动基础设施互联互通，加强国际产能合作，拓展第三方市场合作”[④]，进一步明确了第三方市场合作规则的内涵，包括市场导向、企业主导与互利共赢等。

（四）对当代全球经济治理规则的总体评价

当前，全球经济治理滞后，难以适应世界经济新变化。过去数十

① OECD DAC，“Final Report：Policy Dialogue on Development Co-operation”.

② 参见联合国开发计划署官网。

③ 参见经合组织官网。

④ 详见《2019 年政府工作报告》（2019 年 3 月 5 日），中国政府网：http：//www. gov. cn/zhuanti/2019qglh/2019lhzfgzbg/index. htm.

年，国际经济力量对比深刻演变，而全球治理体系未能反映新格局，代表性和包容性很不够。全球产业布局在不断调整，新的产业链、价值链、供应链日渐形成，而全球经济治理规则未能跟上新形势，机制封闭化、规则碎片化十分突出。

2018 年 11 月，习近平主席在亚太经合组织工商领导人峰会上的主旨演讲中指出，以联合国为主体，包括国际货币基金组织、世界银行、世界贸易组织等机制的全球治理框架并不完美，却是人类社会迈出的重要一步，为过去几十年世界和平与发展发挥了重要作用[①]。以规则为基础加强全球治理是实现稳定发展的必要前提。应充分遵循和利用现有全球经济治理体系下的国际规则和标准护航“一带一路”。

当前，全球经济治理体系和规则正在面临重大调整。坚持多边主义，谋求共商共建共享，建立紧密伙伴关系，构建人类命运共同体，是新形势下全球经济治理的必然趋势。“一带一路”应坚持规则导向，对现有全球经济治理规则进行必要的完善和创新。

三、国际规则的评估框架

国际观念、国际倡议并不自动成为国际规则，需要经历“国际法制化”（International legalization）的过程。国际法学者阿伯特（Abbott 2000）提出法制化的国际规则应具备以下特征：“义务”“精确”与“授权”特征。“义务”意指规范不仅具有约束性，而且是法律上的约束性，承担国际法领域的普遍规则、程序与司法解释的约束；“精确”是指法律规则的准确界定及其细致与缜密性；“授权”指授权第三方

① http://www.xinhuanet.com/politics/leaders/2018-11/17/c_1123728402.htm.

处理规则的制定、规则执行及相关事项等（Abbott 2000）。阿伯特关于评估国际规则的标准为国际法学界和国际政治经济学界广泛接受，并在国际金融、国际仲裁等领域针对具体规则领域进行案例分析。

本文基于阿伯特（Abbott 2000）和胡玉婷（2014）关于国际规则和国际法制化的阐述，提出普适性（Generality）、强制性（Obligation/Binding）、精准性（Precision）和授权性（Delegation）的四维评估框架，并针对上述评估指标进行更为全面的阐释和界定（见表1）。

表1　　国际规则评估框架

指标	指标内涵	分类
普适性（Generality）	规则是否普遍适用	大多边、小多边、双边
强制性（Obligation/Binding）	规则是否必须服从和具有法律约束力	具有法律约束力的义务 VS 无须强制执行的倡议
精准性（Precision）	规则是否清晰且准确地界定所要求、授权和禁止的对象	精准的、具有执行效力的规则 VS 表述含糊的规则
授权性（Delegation）	规则是否有第三方主体被授权来履行、解释、争端解决	国际组织或法律机构作为独立第三方 VS 无第三方

资料来源：作者结合 Abbott（2000）自制。

所谓普适性，是指该规则是否普遍适用、是否为大多数国际行为主体所接受和认可。根据其接受和认可的范围，可划分为大多边国际规则（即为绝大多数国家认可的国际规则）、小多边/诸边国际规则（即为部分国家认可的国际规则）和双边国际规则（即仅为两个国家认可的国际规则）。

所谓强制性，即规则是否必须服从和具有法律约束力，是否为行为主体必须服从的规则和承诺。强制性意味着行为主体必须受限于这些规则和承诺，经受国际法中带有普遍性的法规、程序和条文的详细审定（胡玉婷，2014）。根据强制性的渐变程度，国际规则可以从具有强制法律约束力的义务，渐变到无须强制执行的、在法律上不构成约束力的倡议。由于世界秩序的无政府状态，大部分国际规则的强制性与国内法相比有较大差距，但仍在一定程度上约束和规范国家行为。

所谓精准性，即规则是否清晰且准确地界定所要求、授权和禁止的对象。根据精准性的渐变程度，国际规则可以从精准的、具有执行效力的规则，渐变到表述含糊的规则。更精准的国际规则往往意味着更强的执行效力。反之，如国际规则表述含糊，则加大履约成本。

所谓授权性，即规则是否有第三方主体被授权来履行、解释、争端解决。规则的生命在于实施，如无被授权的第三方主体来履行、解释以及争端解决，则规则仅停留在纸面，不具备现实操作性和执行力。根据授权性的渐变程度，国际规则可以从国际组织或法律机构作为独立第三方，渐变到无第三方被授权。在当代国际政治经济实践中，往往由国际组织或其专门机构来具体承担国际规则的履行、解释、争端解决。如国际贸易领域中，多边贸易体制和开放型世界经济的相关规则是由该领域最具有权威性的世界贸易组织及其上诉机构承担履行、解释、争端解决职能。除国际组织外，国际法院、监管机构也可承担相应职能。

根据上述四项评估指标，可将国际规则粗分为执行效力较高的“硬规则”和执行效力低的“软规则”。“硬规则”的优点在于执行效力好，提升国际法制化水平，通过共同认可、强制执行、精确界定和充分授权的规则保障各方利益，促进国际合作，特别是全球发展领域的国际合作，推动全球经济治理向更有效、更合理方向发展。“软规则”执行效力虽然不高，但具有成本低、易达成的特点，遵循平等、主权、自愿、快捷原则。

四、分领域评估共建“一带一路”与相关国际规则的现状、成效及挑战

本文聚焦与“一带一路”“五通”目标密切相关的债务与融资、绿色发展、包容性发展、透明与反腐败、第三方市场合作等领域，按照上述框架评估相关领域国际规则水平，“一带一路”项目遵循相关国际规则现状以及实施成效与挑战（见表2）。

表2　分领域评估共建“一带一路”与相关国际规则的现状、成效及挑战

	债务与融资	绿色发展	包容性发展	透明与反腐败	第三方市场合作
普适性	低	高	高	高	不适用
强制性	较高	较高	高	高	不适用
精准性	高	较低	高	高	不适用
授权性	高	较低	高	高	不适用
总体评价	世行、经合组织等相关规则无普适性，对于发达国家具有一定强制性、精准性和授权性	联合国主导的绿色规则具有普适性和一定强制性，但精准性和授权性低	国际劳工组织系列公约普适性、精准性、强制性和授权性均较高	《联合国反腐败公约》普适性、精准性、强制性和授权性均较高	目前尚无国际规则，仅为中方倡议
“一带一路”执行情况及挑战	基本未执行国际规则，仅在债务可持续性领域借鉴世行。规则中未对优惠资金和商业资金区分	执行东道国标准，兼顾联合国相关规则。缺乏针对性和实操性的环境风险管理规则	遵循联合国和国际劳工组织相关规则。需进一步做好信息披露	遵循《联合国反腐败公约》。缺乏公开、国际招投标和采购的规则，同时数据披露不足	缺乏透明度和信息披露

资料来源：作者自制。

（一）债务与融资领域

1. 相关国际规则评估

该领域国际规则总体特点为：无普适性规则，主要由经合组织、世界银行、巴黎俱乐部等国际组织和机制制定，对发达国家具有一定强制性，且精准性和授权性程度较高。

具体而言，债务形成方面，目前无各方，特别是各债权和融资方共同接受的普适性规则。其中经合组织发展援助委员会关于优惠度规则（即优惠贷款需包含25%的赠与成分）仅适用于发达国家，具有一定强制性，精准性和授权性高。债务管理方面，目前无普适性规则，世行和IMF债务可持续性分析框架具有一定强制性，精准性和授权性高。债务减免和重组方面，目前无普适性规则，主要由发达国家组成的巴黎俱乐部按债务规模提出“重债穷国倡议”以及“多边减债动议”，无强制性，但精准性和授权性高。

2. 共建“一带一路”遵循相关国际规则现状

当前，共建“一带一路”并未采用由发达国家主导的相关债务与融资规则，仅在债务管理方面借鉴相关国际规则。

具体而言，债务形成方面，共建“一带一路”不片面强调优惠度，而综合运用优惠贷款、出口信贷、开发性金融、发展导向股权投资、商业银行贷款等混合性融资方式，多渠道为受援国筹集资金。与世行和IMF相区别，中国在为“一带一路”国家提供贷款和融资过程中，不附加政治条件。南南合作框架下，“一带一路”相关贷款和融资条件灵活，特别是进行资源财政化安排，如以石油换贷款的安哥拉模式、以铜矿换贷款的刚果（金）模式等，推动相关国家尽快筹措发展资金。

债务管理方面，中国政府借鉴世行和IMF的债务可持续分析框架，在第二届“一带一路”国际合作高峰论坛上制定了“一带一路”债务可持续性分析框架。与世行和 IMF 相关框架区别，“一带一路”债务可持续性分析框架除动态跟踪债务国债务规模外，还考虑其债务用途，关注其是否将融资投入生产性和发展性部门。

债务减免和重组方面，根据中国政府对“一带一路”沿线国家，特别是最不发达国家的减债安排来看，主要以实际需求而非债务规模作为减免标准。

3. 实施成效与挑战

成效方面：“一带一路”在债务与融资领域不但具有鲜明的发展性、灵活性和互惠性特征，且对主流国际规则产生了一定影响。2015 年，受“一带一路”混合融资规则影响，经合组织发展援助委员会突破传统官方发展援助框架，推出“官方对可持续发展的总支持”（TOSSD）。该概念包括官方直接提供和官方撬动的、用于促进发展中国家可持续发展的所有优惠及非优惠资金；此外设有补充表格来收集官方出口信贷、多边银行提供的短期贸易融资、私人慈善捐资、对外直接投资、汇款等数据，以全面掌握流入发展中国家的所有资金。目前，TOSSD 尚处于概念阶段，未来有可能形成相关国际规则。

挑战方面：一是“一带一路”混合融资模式导致优惠资金和商业资金、援助和投融资界限不清，造成部分优惠资金未能用于民生项目，而部分商业项目经济性差。二是因与国际主流规则不对接，共建“一带一路”对发达国家和国际组织等第三方以及私人资金撬动不足。三是无附加条件导致难以对东道国资金使用施加影响。

（二）绿色发展领域

1. 相关国际规则评估

该领域，联合国主导的绿色规则具有普适性和一定强制性，但精准性和授权性低；经合组织、世行规则强制性、精准性和授权性高，但普适性低。

联合国相关规则中，《巴黎协定》规定的国家自主贡献减排规则具有法律约束力，普适性和强制性较高，但精准性和授权性较低；由联合国支持的负责任投资原则由来自67个国家和地区的1800个投资人和金融机构自愿签署，核心内容是及时披露环境信息，并纳入投资分析和决策过程，普适性、精准性较高，但强制性和授权性低。

经合组织相关规则中，《跨国企业准则》要求建立国家联络点机制执行。有一定普适性，强制性、精准性、授权性较高。

世行相关规则中，《环境与社会框架》要求借款国在经济发展中全面落实环境和社会保护标准，对标最佳国际惯例和实践，有一定普适性，强制性、精准性、授权性较高。

2. 共建“一带一路”遵循相关国际规则现状

当前，共建“一带一路”主要以执行东道国环境标准为主，兼顾联合国制定的相关国际规则，特别是具有法律约束力的《巴黎协定》。

部委层面：国家发改委2017年通过《企业境外投资管理办法》，要求“注重生态环境保护、树立中国投资者良好形象”；商务部2013年通过《对外投资合作环境保护指南》，要求“企业应尊重东道国宗教信仰、民族风俗，保障劳工合法权益，树立环境保护理念，积极履行环保责任”；生态环境部2017年通过《关于推进绿色“一带一路”建设的指导意见》，要求“重视当地民众生态环保诉求”。

金融机构层面：银监会2012年通过《绿色信贷指引》，要求注重项目所在国环保、土地法律法规，其中第21条特别要求银行采用相关联合国国际惯例或国际准则、最佳实践。目前，国内主要融资机构，包括中国进出口银行等政策性银行和中国工商银行等商业银行在海外贷款项目中均采取绿色“一票否决制”。

社会机构和行业协会层面：中国金融学会绿色金融委员会 2018 年通过《“一带一路”绿色投资原则》，制定将可持续性纳入公司治理，充分了解环境、社会和治理（ESG）风险，充分披露环境信息，加强与利益相关方沟通，充分运用绿色金融工具，采用绿色供应链管理，通过多方合作进行能力建设等 7 条原则。

3. 实施成效与挑战

成效方面：一是“一带一路”执行的绿色规则适应东道国国情和发展阶段。二是中国为全球仅有的三个建立了绿色信贷指标体系的经济体之一，共建“一带一路”在绿色金融规则领域具有国际模范作用。

挑战方面：一是缺乏与“一带一路”沿线国家在开展投融资合作时遵循《巴黎协定》减排承诺的相关细则。二是尚无针对性和实操性的环境风险管理规则，且监测机制和执行机制比较疲软。三是民营企业和中小企业执行相关规则水平差。

（三）包容性发展领域

1. 相关国际规则评估

该领域国际规则总体特点为：以普适性、精准性、强制性和授权性程度均较高的国际劳工组织公约为核心。

联合国相关国际规则中，联合国全球契约强调杜绝任何在用工与职业方面的歧视行为，普适性、精准性较高，但强制性和授权性低，属倡议性质。

国际劳工组织系列公约，如《就业和职业歧视公约》，对员工待遇、职业培训等作出明确要求，普适性、精准性、强制性和授权性高。

经合组织相关规则，如包容发展框架和《跨国企业准则》中相关要求有一定普适性，强制性、精准性、授权性较高。

世行《环境与社会框架》规定的关于劳工保护和社区保护条款，有一定普适性，强制性、精准性、授权性较高。

2. 包容性发展领域共建“一带一路”遵循相关国际规则现状

当前，共建“一带一路”基本遵循了联合国和国际劳工组织关于包容性发展的规则，特别是用工本地化。如近300家中国企业和机构加入全球契约，中国政府批准了25项国际劳工组织公约。

部委层面：国家发改委等2017年通过《关于进一步引导和规范境外投资方向的指导意见》，禁止不符合投资目的国环境、社会、安全标准的境外投资；同年通过《民营企业海外投资经营行为规范》，要求从事境外活动的民营企业积极招聘当地人才并为他们创造就业机会。商务部2013年发布《关于加强对外投资合作在外人员分类管理工作的通知》：“应积极推进员工属地化，为当地创造就业机会”。

社会机构和行业协会层面：中国对外承包工程商会2012年制定《中国对外承包工程企业社会责任指引》，针对质量安全、用工本地化、员工发展、社区发展等七个核心议题，对企业履行社会责任提出了具体工作建议；2018年制定《中国对外承包工程行业社区沟通手册》和《中国国际承包商社会责任指南》，优先采购本地产品和服务，以促进本地运营和培养本地员工。

3. 实施成效与挑战

成效方面：根据伦敦大学亚非学院Oya（2019）、云南大学陈瑛（2018）等人的研究，非洲、东南亚等“一带一路”沿线国家，中资企业在坚持用工本地化、非歧视性工资、技能培训等国际规则上与非中资企业相比类似，甚至做得更好。

挑战方面：共建“一带一路”在包容性发展领域无信息透明、公开披露相关规则，部分地导致国际社会误解，如根据对外经贸大学国际经济伦理研究中心 2017 年报告，超过半数“走出去”企业未通过任何形式公开发布履行海外社会责任情况。

（四）透明与反腐败领域

1. 相关国际规则评估

该领域国际规则总体特点为：以普适性、强制性、精准性和授权性均较高的《联合国反腐败公约》为核心。

经合组织《跨国企业准则》《反贿赂公约》等文件对东道国进行尽职调查，有一定普适性，强制性、精准性、授权性较高。

世行采购规则要求世行项目进行公开、国际竞争性招标。特别是采取黑名单制度，针对违反世行采购规则、有不透明和腐败行为的企业予以严厉惩罚。世行相关规则有一定普适性，强制性、精准性、授权性较高。

2. 共建“一带一路”遵循相关国际规则现状

总体上，共建“一带一路”以贯彻落实《联合国反腐败公约》为核心，但对透明度规则遵循不够。

中纪委 2014 年牵头通过《北京反腐败宣言》，成立亚太经合组织（APEC）反腐执法合作网络，核心是落实《联合国反腐败公约》。外交部和中国法学会在 2018 年“一带一路”法治合作国际论坛发表共同主席声明：“呼吁‘一带一路’参与方携手加强‘一带一路’廉洁建设，鼓励以《联合国反腐败公约》等国际公约和相关双边条约为基础开展反腐败合作”。该声明纳入第二届“一带一路”国际合作高峰论坛。国家发改委2018年通过《海外企业合规管理指引》，明确要求所有中国企业遵守反腐败、反贿赂、反洗钱及相关活动的具体要求。

3. 实施成效与挑战

成效方面：通过APEC反腐执法合作网络，共建“一带一路”已在区域层面推进《联合国反腐败公约》落实。

挑战方面：一是共建“一带一路”在透明与反腐败领域尚无要求融资机构进行公开、国际招投标和采购的规则，导致部分企业违反多边开发机构透明规则，甚至被制裁、上黑名单。二是对东道国进行尽职调查难度大。三是数据披露不足。

（五）第三方市场合作领域

第三方市场合作为国际投资和发展合作新领域，目前尚无明确国际规则。“一带一路”实践正引领第三方市场合作领域相关国际规则制定，目前尚未形成统一、明确且完整的规则体系，但宏观层面存在指导性的原则。比如，中国与法国、加拿大、英国与日本签署的第三方市场合作文件（包括联合声明和备忘录等多种形式）都直接或间接地提到了“企业主导，政府推动”“平等协商，互利共赢”“互补、互利、开放、包容”等原则性要求，这与联合国等国际组织在推动“三方合作”方面所推崇的根本理念是相契合的，也成为当前第三方市场合作的实践准则。

当前，“一带一路”第三方市场合作领域正在形成的规则存在以下不足：一是尚未形成“硬规则”，特别是授权性不够，没有明确的机构执行相关规则。二是第三方市场合作项目国家主导色彩太强，不符合企业主导的原则。三是相关规则雏形多针对中国和发达国家，缺乏针对第三国内容。四是无关于项目透明度的条款。

（六）小结

上述领域通行国际规则存在不平衡的现象，其中债务与融资、绿色发展领域国际规则较“软”，包容性发展、透明与反腐败领域国际规则较“硬”，第三方市场合作领域国际规则尚在形成中。当前，“一带一路”实践总体遵循和对接各领域通行国际规则，特别是遵循联合国制定的相关国际规则。在规则对接和融合过程中既取得重大进展，也面临一些挑战。下一步，应细化共建“一带一路”与相关国际规则的关系：“一带一路”与现有哪些国际规则可实现有序对接，完善和创新“一带一路”国际规则的方式、路径和优先次序，中国在遵循、完善和创新“一带一路”有关国际规则中如何发挥作用等。

五、国际社会针对“一带一路”对接国际规则态度的量化分析

当前，针对国际社会如何看待“一带一路”对接国际规则情况，尚无全面、系统的梳理和分析。本文从外媒和国际智库两个层面分析沿线国家关于“一带一路”与国际规则关系的态度，以及对“一带一路”遵循、完善和创新相关国际规则的观点及建议。

（一）关于外媒对“一带一路”与国际规则报道的相关分析

为更精准把握国际舆论对“一带一路”与国际规则的看法，本文依托谷歌全球新闻事件、语言和态度数据库（GDELT）[①]，对 2017 年 1

---

① 该数据库英文名为 Global Database of Events，Language and Tone，简称 GDELT。GDELT 依托谷歌的信息获取能力和机器翻译技术，追踪世界上绝大部分国家和地区、超过 100 种语言的广播、印刷品和网络新闻事件，不定期更新并开放使用，是目前较为全面、系统、可获得的新闻数据库。

月至2020年3月国际社会对“一带一路”倡议的新闻报道进行了汇总和分析，具体情况如下。

1. 总体情况

从报道数量上看，据初步统计，2017年1月至2020年3月，共112个亚欧非国家和地区就“一带一路”和国际规则议题原创或转载了7959篇相关报道。其中，“一带一路”沿线国家和地区相关报道共计5335篇，占比67%。美国媒体报道数量为7783篇，仅比所有亚欧非国家和地区报道少约200篇，对“一带一路”与国际规则的关注度为全球最高（见表3）。

表3　涉“一带一路”与国际规则报道数量及态度对比

统计范围	报道数量（篇）	平均报道态度[①]
亚欧非国家和地区	7959	0.08
“一带一路”沿线国家和地区	5335	0.11
非“一带一路”沿线国家和地区	2624	0.04
美国	7783	-1.25

资料来源：作者自制。

从报道态度[②]上看，亚欧非国家和地区中超过2/3积极评价“一带一路”倡议，认为“一带一路”倡议与实践总体上遵循和对接通行国际规则，其中沿线国家评价较非沿线国家更为积极。美国相关报道评价消极，不少报道认为“一带一路”倡议是对当前通行国际规则的挑战和破坏（见图1、图2）。

---

① GDELT按以下步骤对一个国家有关“一带一路”与国际规则态度进行量化评估：首先，分别计算该国媒体每篇相关报道的态度；然后，对该国媒体所有相关报道的态度取平均值，即可得出该国总体态度。

② 报道态度值为该报道中正面词汇数与负面词汇数之差占总词汇数比重。态度值正数为积极评价，负数为消极评价，且数值绝对值越大，表明态度越积极/消极。

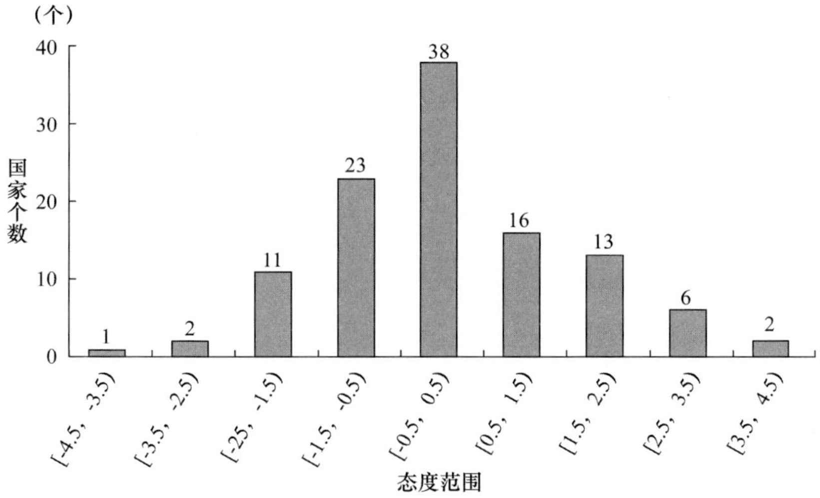

图1　亚欧非国家和地区相关报道态度分布

资料来源：作者自制。

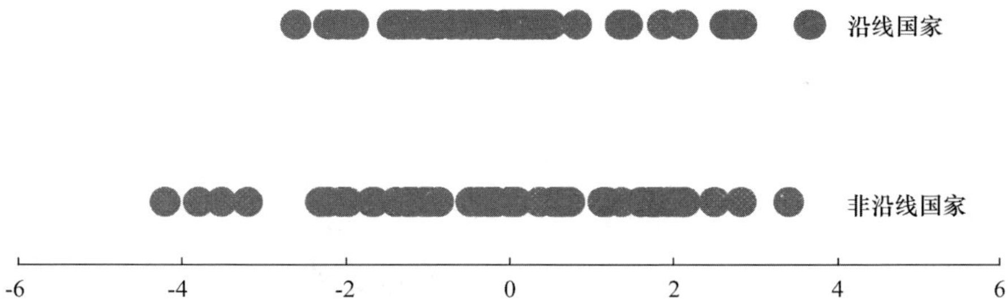

图2　“一带一路”沿线国家和非沿线国家相关报道态度分布

资料来源：作者自制。

从报道内容上看，债务与融资和透明与反腐败等领域相关报道数量多且态度消极（见表4）。如2019年7月美国彭博社以“中国在肯尼亚建了一条不知通向何方的铁路”为题报道蒙内铁路不符合债务可持续规则，被肯尼亚、英国、德国、印度等国多家媒体转载；2019年6月法新社关于柬埔寨一中资企业建造大楼倒塌的报道质疑“一带一路”项目存在招标不透明，被柬埔寨、印度等国媒体转载。

亚欧非国家和地区媒体总体上积极评价“一带一路”倡议在包容

表 4　　涉“一带一路”与国际规则具体领域报道数量及态度对比

规则领域	报道数量及态度	美国	亚欧非国家和地区	总体情况
债务与融资	报道数量（篇）	2602	2626	5228
	平均报道态度	-1.93	-1.49	-1.71
透明与反腐败	报道数量（篇）	669	1075	1744
	平均报道态度	-1.29	-0.97	-1.09
包容性发展	报道数量（篇）	655	1201	1856
	平均报道态度	-0.74	0.22	-0.12
绿色发展	报道数量（篇）	387	886	1273
	平均报道态度	-0.33	0.14	0

资料来源：作者自制。

性发展和绿色发展领域进展。如2019年6月日本亚洲新闻网络、柬埔寨《金边时报》等媒体正面报道习近平主席在二十国集团领导人大阪峰会上关于绿色“一带一路”，以及“一带一路”倡议推动全球包容性发展的讲话。

从时间变化上看，2017年以来，亚欧非及美西方国家相关报道平均态度（即各国家和地区媒体态度均值）总体变化趋势较为平缓，基本中立；但加权平均态度（即根据各国家和地区的相关报道数量得出的加权平均值，报道数量越多的国家权重越大）自首届高峰论坛以来有趋于负面态势，2018年10月为最负面。主要原因为美西方和周边大国相关报道态度趋于负面，且数量多（见图3）。

2. 各次区域及重要国别相关报道情况

中亚国家媒体对“一带一路”倡议对接国际规则评价最积极，中东欧、西非、南非、中非国家媒体也持正面态度；东南亚、东非国家媒体总体持中立态度；美国和加拿大媒体评价最为消极，中东、东北亚（主要是日本）国家媒体评价相对消极，西欧、南亚、独联体国家媒体评价轻微消极（见图4）。

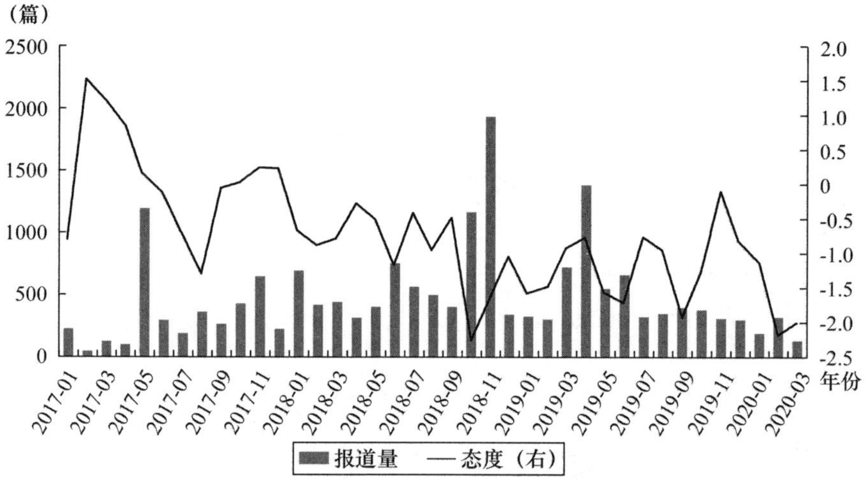

图3　亚欧非以及美西方国家和地区相关报道量及态度变化

资料来源：作者自制。

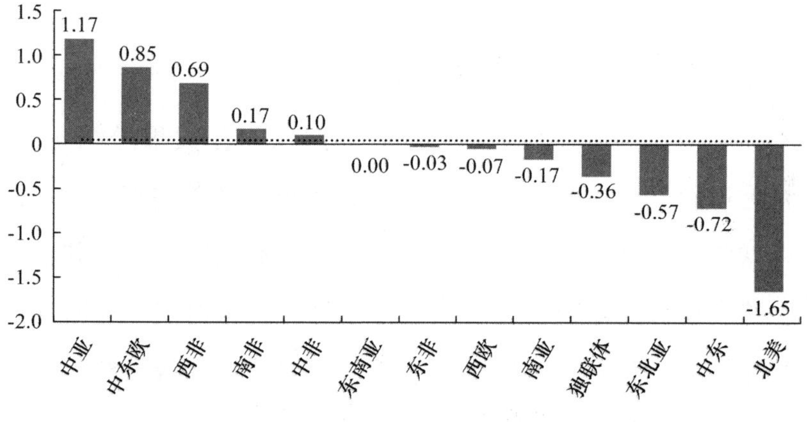

图4　各次区域平均态度对比

资料来源：作者自制。

就具体国别来看，印度相关报道数量仅次于美国，且态度消极。马来西亚、菲律宾等国媒体评价较为消极，且相关报道数量较多。斯里兰卡、孟加拉国等国媒体评价较为积极，但相关报道数量少，影响力弱。值得注意的是，部分国家官方和媒体态度存在较大差异，比如俄罗斯、巴基斯坦官方对“一带一路”倡议较为支持，但其媒体对“一带一路”倡议对接国际规则评价较消极（见图5）。

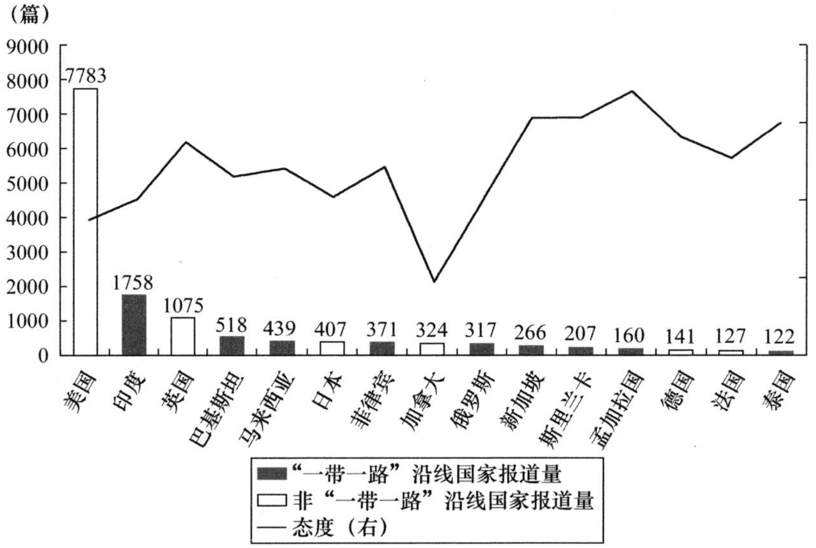

图5　相关报道数量前15位的国家及其态度①

资料来源：作者自制。

3. 部分"一带一路"重点项目报道情况

在不同类型"一带一路"项目中，铁路项目相关报道相比港口、园区项目更正面（见表5）。铁路项目中，东道国及美国媒体对中泰铁路、中老铁路、雅万高铁、中欧班列等项目评价积极，认为其在建设和运营上符合通行国际规则；匈塞铁路项目得到东道国及亚欧非国家和地区媒体肯定；美方负面报道集中在蒙内铁路和亚吉铁路，认为其在债务可持续、透明度方面存在不足。港口项目中，希腊本地媒体对比雷埃夫斯港项目评价积极，与美媒态度对比鲜明；巴基斯坦本地媒体多转载美西方报道，对瓜达尔港项目评价消极，认为存在"债务陷阱"；斯里兰卡本地媒体对汉班托塔港项目持中立态度。园区项目中，白俄罗斯本地媒体对中白工业园评价积极，回应美方负面报道；柬埔寨本地媒体对美方涉西哈努克港经济特区负面报道未予积极回应（见表5）。

① 相关次区域媒体态度见附录一（本书187页）。

表5　　部分“一带一路”重点项目报道态度对比

项目类型	次区域	项目名称	东道国态度	美国态度	亚欧非国家和地区态度	总体情况
铁路	东南亚	中泰铁路	1.95	2.11	2.17	2.15
		中老铁路	0.1	1.18	1.95	1.7
		雅万高铁	0.1	0.3	-0.77	-0.77
	中东欧	匈塞铁路	0.15	-0.06	2.57	1.91
	亚欧大陆	中欧班列	—	1.78	2.20	2.08
	东非	蒙内铁路	0.3	-1.42	0.34	-0.54
		亚吉铁路	0.1	-1.48	2.26	1.16
港口	中东欧	希腊比雷埃夫斯港	0.59	-1.05	-0.09	-0.57
	南亚	巴基斯坦瓜达尔港	-1.06	-1.11	-1.03	-1.05
		斯里兰卡汉班托塔港	0.05	-1.07	-0.62	-0.75
园区	中东欧	中白工业园	2.76	-2.69	3.30	1.80
	东南亚	柬埔寨西哈努克港经济特区	0	-1.59	-1.22	-1.35

（二）关于国际智库对“一带一路”与国际规则的相关分析[①]

丝路国际智库网络（SiLKS）由国务院发展研究中心于2015年联合有关国际智库发起成立，目前，有来自32个国家的40家智库、11家国际组织和6家国际企业，共57个成员和伙伴；旨在“一带一路”框架下，建立人员互访、信息共享、联合研究、研讨交流机制，不断凝聚共识，为“一带一路”提供智力支持。相关成果已纳入“一带一路”国际合作高峰论坛成果清单。

2019年8~10月，SiLKS秘书处对55家成员和伙伴相关研究人员开展共建“一带一路”与相关国际规则的遵循、完善和创新问卷调查，共收回63份有效问卷。主要发现如下：

① 相关问卷全文见附录二（本书192页）。

1. 关于共建“一带一路”与国际规则的遵循

被调查者认为，共建“一带一路”非常有必要在绿色发展、透明与反腐败等领域遵循国际规则（见图6）。

问题：您认为“一带一路”倡议在下列领域是否有必要遵循现有国际规则？下面1~5的量表中“1”为“非常不必要”，“5”为“非常有必要”，您打几分？

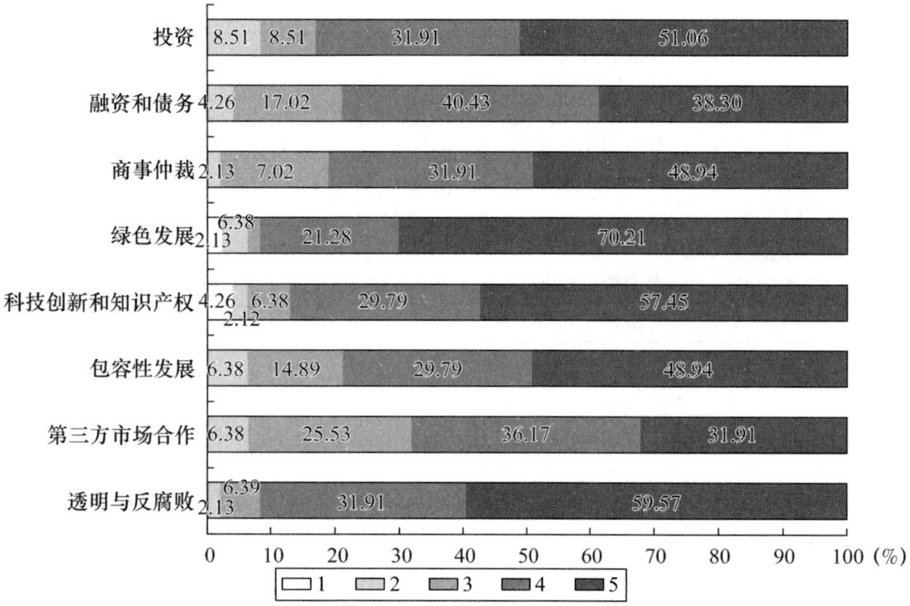

图6 关于共建“一带一路”与国际规则的遵循

资料来源：作者自制。

2. 关于在具体领域共建“一带一路”借鉴相关国际规则的建议

（1）债务与融资领域

共建“一带一路”应重点借鉴：世行和IMF在债务管理方面充分考虑贷款国宏观经济和债务规模的债务可持续性框架，对重债穷国谨慎提供贷款；世行、亚开行、欧洲复兴开发银行等鼓励商业银行、多边开发银行和私人投资者共同参与融资项目的公私合作（PPP）混合融资模式（见图7）。

问题：在债务与融资领域，您认为哪些相关国际规则最值得“一带一路”参考和借鉴？下面 1 ~ 5 的量表中“1”为“最不需要借鉴”，“5”为“最值得借鉴”，您打几分？

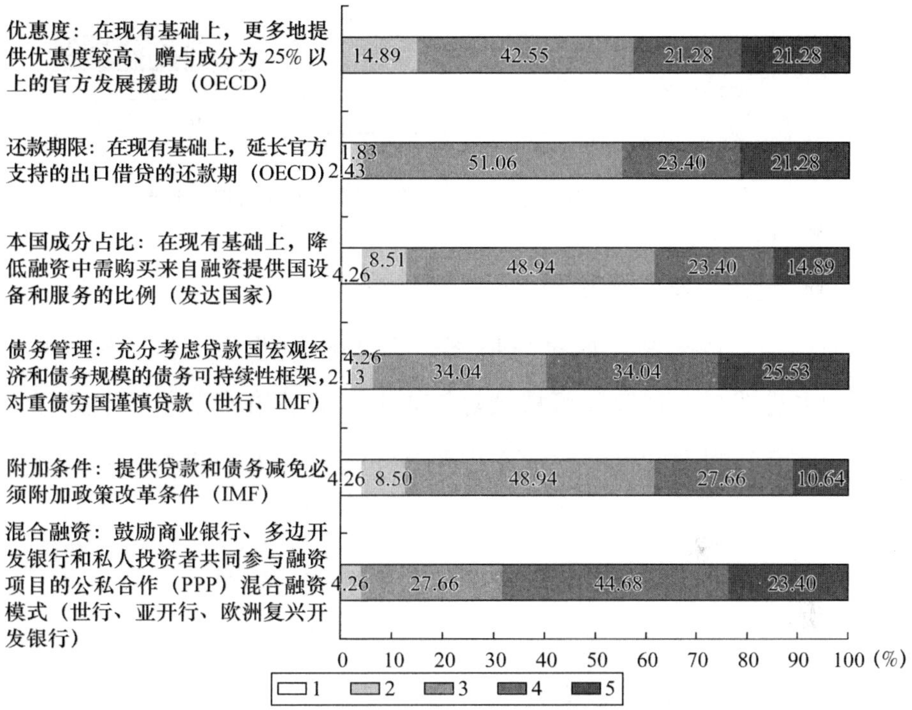

图 7　关于债务与融资领域共建“一带一路”与国际规则的遵循

资料来源：作者自制。

（2）绿色发展领域

共建“一带一路”应重点借鉴：联合国《巴黎协定》强调的共同但有区别的责任，按照各自能力和自愿原则进行国家自主贡献减排；经合组织规定的建立国家联络人和申诉机制，完善执行机制（见图 8）。

问题：在绿色发展领域，您认为哪些相关国际规则最值得“一带一路”参考和借鉴？下面 1 ~ 5 的量表中“1”为“最不需要借鉴”，“5”为“最值得借鉴”，您打几分？

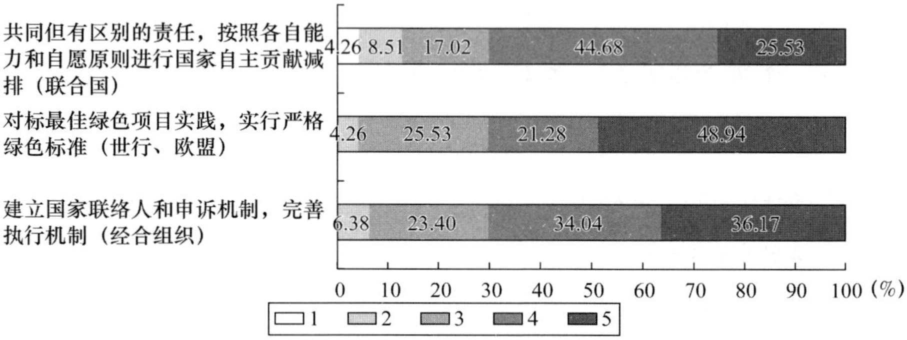

图8　关于绿色发展领域共建“一带一路”与国际规则的遵循

来源：作者自制。

（3）包容性发展领域

共建“一带一路”应重点借鉴：联合国2030年可持续发展议程强调的促进持久、包容和可持续经济增长，促进充分的生产性就业等目标；亚开行强调的最大化地实现用工本地化，并提供技能培训（见图9）。

问题：在包容性发展领域，您认为哪些相关国际规则最值得“一带一路”参考和借鉴？下面1～5的量表中“1”为“最不需要借鉴”，“5”为“最值得借鉴”，您打几分？

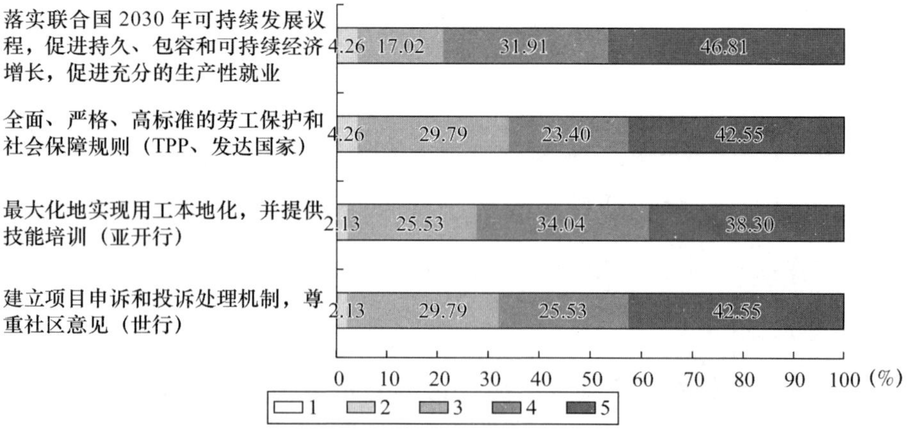

图9　关于包容性发展领域共建“一带一路”与国际规则的遵循

来源：作者自制。

（4）透明与反腐败领域

共建“一带一路”应重点借鉴：具有全球约束力、制定了一系列综合性的反腐败措施及完备执行机制的《联合国反腐败公约》；对投融资项目信息和数据公开披露的《世界银行公开数据动议》（见图10）。

问题：在透明与反腐败领域，您认为哪些相关国际规则最值得“一带一路”参考和借鉴？下面1~5的量表中“1”为“最不需要借鉴”，“5”为“最值得借鉴”，您打几分？

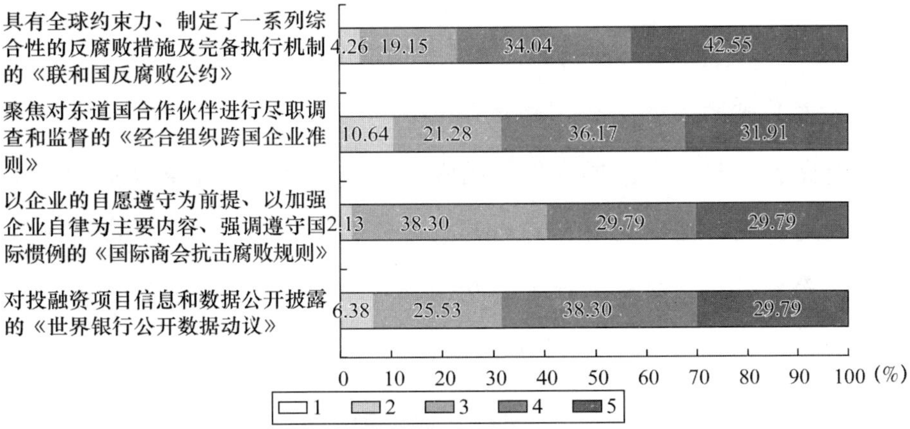

图10　关于透明与反腐败领域共建“一带一路”与国际规则的遵循

来源：作者自制。

（5）第三方市场合作领域

共建“一带一路”应重点借鉴经合组织强调的结合发达国家和发展中国家的知识、技能、经验和资源，在第三国分享知识和经验或执行发展合作项目（见图11）。

问题：在第三方市场合作领域，您认为哪些相关国际规则最值得“一带一路”参考和借鉴？下面1~5的量表中“1”为“最不需要借鉴”，“5”为“最值得借鉴”，您打几分？

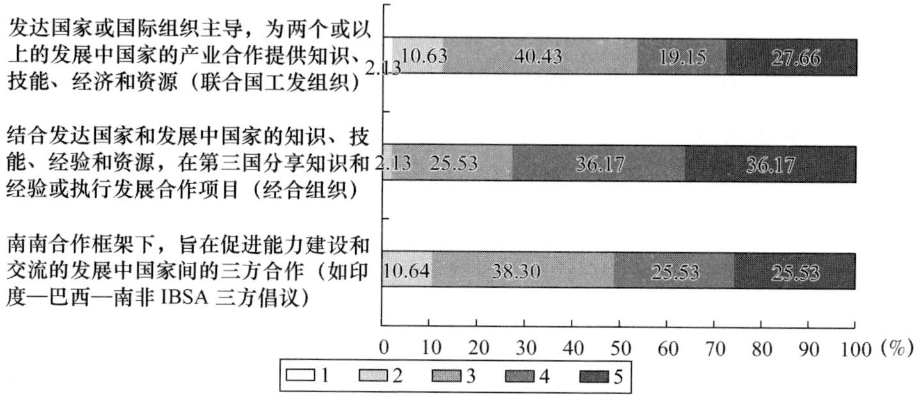

图 11　关于第三方市场合作领域共建“一带一路”与国际规则的遵循

来源：作者自制。

3. 关于共建“一带一路”与国际规则的完善和创新

大部分被调查者认为，共建“一带一路”有必要对包容性发展、债务与融资、第三方市场合作的国际规则进行创新和完善（见图 12）。

问题：现行国际规则并不完美。您认为“一带一路”倡议在哪些领域有必要对现有规则进行完善和创新？下面 1～5 的量表中“1”为“非常不必要”，“5”为“非常有必要”，您打几分？

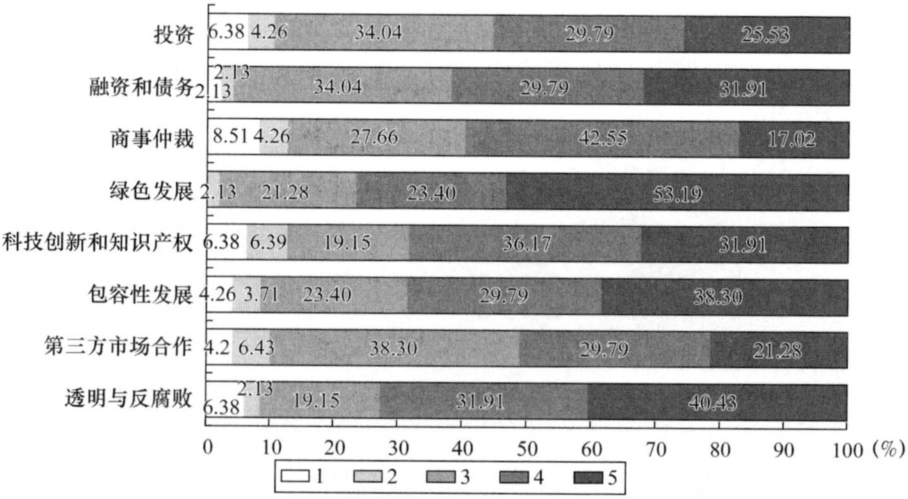

图 12　关于共建“一带一路”与国际规则的完善和创新

来源：作者自制。

4. 关于共建“一带一路”与国际规则完善和创新的实施主体

52.08%的被调查者希望通过大多边“一带一路”国际合作机制（如“一带一路”国际合作高峰论坛）推动相关领域规则完善创新（见图13）。

问题：您认为在完善和创新有关领域国际规则时，应采取什么样的合作机制作为实施主体？（最多可选两项）

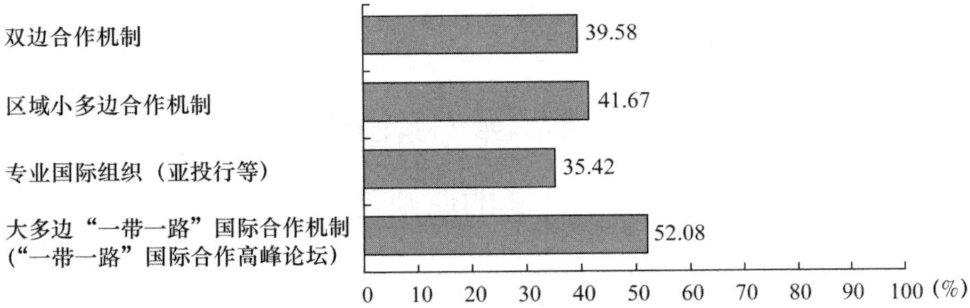

图13　关于共建“一带一路”与国际规则完善和创新的实施主体

来源：作者自制。

5. 关于完善“一带一路”相关国际合作机制和国际规则的建议

53.33%的被调查者希望“一带一路”应根据不同国家和地区特点，在不同领域实施不同规则，不搞“一刀切”；仅13.33%的被调查者认同“一带一路”应另起炉灶，建立新的规则体系（见图14）。

问题：为推动共建“一带一路”高质量发展，您认为应该需要完善什么国际合作机制和国际规则？

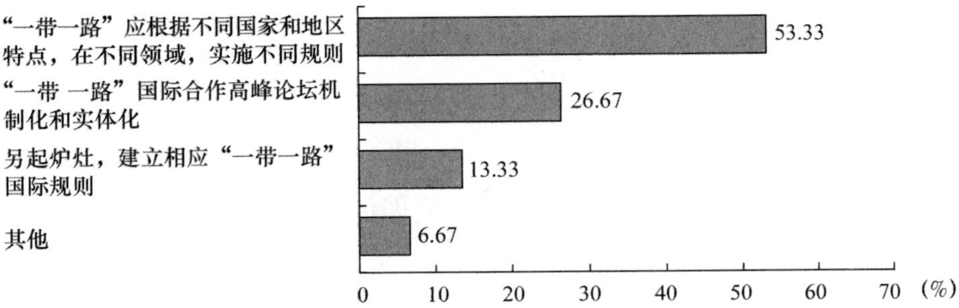

图14　关于完善“一带一路”相关国际合作机制和国际规则的建议

来源：作者自制。

6. 关于推进共建“一带一路”高质量发展的建议

对中方建议主要包括：坚持绿色、廉洁规则，尊重他国发展规划和关切（见图15）；对东道国建议主要包括：实施符合实际的环境和社会规则；制定符合实际的项目清单；开展国家发展规划与“一带一路”对接；减少腐败、优化营商环境（见图16）。

问题：为了推动共建“一带一路”高质量发展，您对作为“一带一路”倡议国的中国及您所在国分别有何建议？（最多可选四项）

六、共建“一带一路”与国际规则遵循、完善、创新的原则与思路

2019年11月，习近平主席在第二届中国国际进口博览会开幕式上指出，中国将秉持共商共建共享原则，坚持开放、绿色、廉洁理念，努力实现高标准、惠民生、可持续目标，推动共建“一带一路”高质量发展。要推动共建“一带一路”高质量发展，就必须更加重视共建“一带一路”国际规则问题。

基于共建“一带一路”与相关国际规则的现状、成效及挑战，以及国际社会针对“一带一路”对接国际规则的关切，本文提出共建“一带一路”与国际规则遵循、完善、创新的原则与思路。

（一）总体原则与根本目的

2015年9月，习近平主席指出①，随着人类面临的重大跨国性和全球性挑战日益增多，有必要对全球治理体制机制进行相应的调整改

① 2015年9月22日，习近平主席接受《华尔街日报》书面采访（来源于新华网）。http://www.xinhuanet.com/world/2015-09/22/c_1116642032.htm.

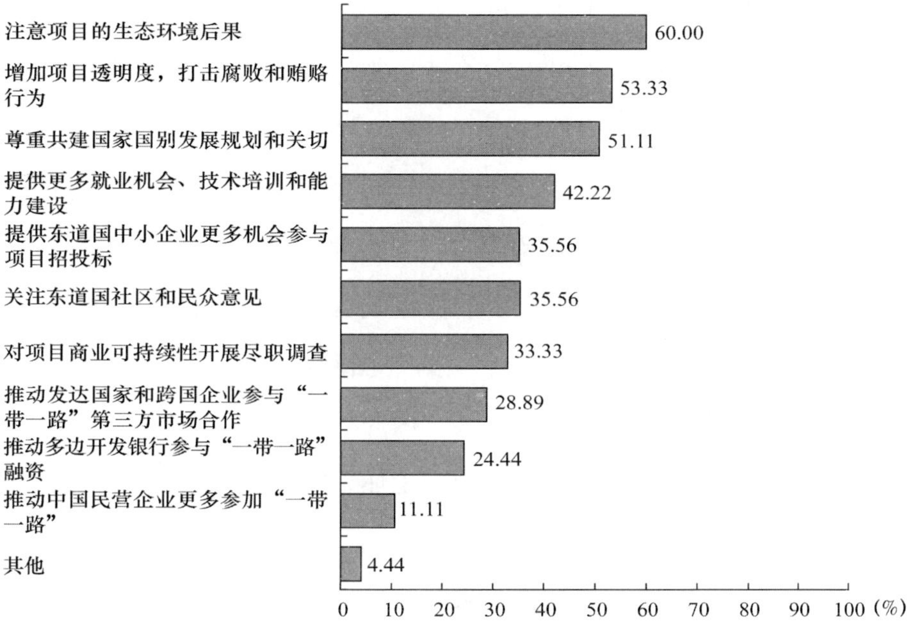

图 15　关于推进共建“一带一路”高质量发展的建议 1

资料来源：作者自制。

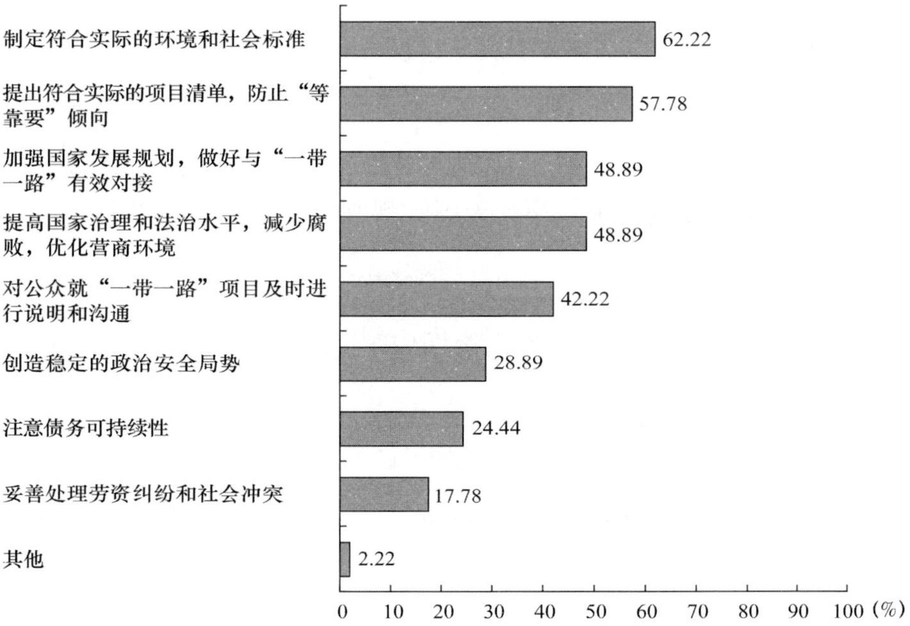

图 16　关于推进共建“一带一路”高质量发展的建议 2

资料来源：作者自制。

革。这种改革不是推倒重来，也不是另起炉灶，而是创新完善。党的十九届四中全会指出，积极参与全球治理体系改革和建设。高举构建人类命运共同体旗帜，秉持共商共建共享的全球治理观，倡导多边主义和国际关系民主化，推动全球经济治理机制变革。共建“一带一路”国际规则问题本质上涉及全球经济治理机制的改革和建设，我们应在尊重全球已有并被广泛接受和应用的国际规则基础上，坚持多边主义框架，积极促进共建“一带一路”国际规则的不断创新与完善，推动共建“一带一路”高质量发展。因此，在共建“一带一路”国际规则问题上，我们应坚持“以遵循为主体，完善创新为补充”的总体原则。

鉴于“一带一路”本质上是聚焦互联互通，推进全球可持续发展的区域开放合作平台，共建“一带一路”应维护联合国在国际规则制定中的核心地位，借助上海合作组织、金砖国家、二十国集团等平台，在世界贸易组织（WTO）关于贸易、投资和争端解决的国际规则与中国—东盟自由贸易区（CAFTA）、区域全面经济伙伴关系（RCEP）等区域次区域贸易安排机制的相关规则以及联合国2030年可持续发展议程等框架下，对相关国际规则的遵循、完善与创新，重点聚焦绿色发展、透明与反腐败、债务与融资、包容性发展、第三方市场合作、创新与知识产权保护等领域，根据不同国家和地区实际情况，分领域有序推进。

共建“一带一路”遵循、完善与创新相关国际规则，其根本目的：一是推动共建“一带一路”高质量发展。“一带一路”倡议提出7年来，取得一些重要成果和早期收获，但也面临许多挑战。要使“一带一路”行稳致远，必须规则先行，通过不断完善相关国际规则，推进“一带一路”项目高质量建设，推进沿线国家的经济社会可持续发展。二是积极参与全球治理体系改革和建设。当前单边主义和保护主义盛行，全球多边主义受挫，国际贸易低迷，全球经济增长乏力，通过共建“一带一路”，可以为全球经济增长提供发展平台和增长动力。中国作为GDP总量世界第二的新兴经济大国，在坚持共商共建共享的原则和多边主义框架下，主导“一带一路”相关国际规则的完善与创新，积极参与全球治理，推动全球治理体系的改革与建设。三是推动构建人类命运共同体。构建人类命运共同体是人类可持续发展的长远目标和努力方向，需要共同的发展理念和行动准则。而共建“一带一路”是推动全球可持续发展的长期机制和多边平台，是构建人类命运共同体的具体行动方案。通过明确共建“一带一路”需要遵循、完善和创新的国际规则，可以不断丰富人类命运共同体的内涵、理念和准则，持续凝聚共识，进而推动构建人类命运共同体。

（二）国际规则遵循、完善、创新的原则与思路

1. 国际规则遵循的原则与思路

根据SiLKS秘书处调查，分别有91.49%、91.48%的调查者认为，“一带一路”倡议有必要遵循绿色发展、透明与反腐败国际规则。

（1）关于绿色发展的国际规则

1）遵循原则。共同但有区别的责任，按照各自能力和自愿原则进行国家自主贡献减排；对标最佳绿色项目实践，实行严格绿色标准。在尊重项目所在国规则基础上，选择高标准原则，如中国企业参与“一带一路”建设，项目所在国绿色发展标准低于中国标准，则选择中国标准。

2）遵循思路。以联合国《巴黎协定》（强制约束力）和《2030年可持续发展议程》（无强制约束力）目标“采取紧急行动应对气候

变化及其影响”作为绿色发展国际规则遵循的总框架。

“一带一路”涉世行贷款项目，需执行世行《环境与社会框架》；涉亚开行贷款项目，需执行亚开行《环境评估指南》；涉亚洲基础设施投资银行贷款项目，需执行亚投行的《环境与社会框架》，其他多边开发金融机构需执行其相应的环境评价规则。

“一带一路”涉欧盟项目，需执行《欧洲能源宪章》和《绿色采购手册》；涉经合组织成员国项目，需参照执行《跨国企业准则》中关于环境管理制度等方面规定。

中国企业承建“一带一路”项目，需执行环境保护部、外交部、国家发展和改革委员会、商务部2017年联合印发的《关于推进绿色“一带一路”建设的指导意见》、环境保护部2017年印发的《“一带一路”生态环境保护合作规划》和中国银监会2012年《绿色信贷指引》，如涉中国进出口银行贷款，还需执行《中国进出口银行贷款项目环境及社会影响评估大纲》。

（2）关于透明与反腐败的国际规则

1）遵循原则。遵守东道国关于透明与反腐败方面的法律法规，不断增加项目透明度和公开性，坚决抵制与打击腐败和贿赂行为。

2）遵循思路。以具有全球约束力和一系列综合性的反腐败措施及完备执行机制的《联合国反腐败公约》作为透明与反腐败国际规则遵循的总框架。

倡导并执行2019年4月中共中央纪律检查委员会国家监察委员会联合有关国家、国际组织以及工商学术界代表提出的《廉洁丝绸之路北京倡议》，旨在加强经验分享，凝聚各方共识，建设风清气正的营商环境，提升企业廉洁合规经营能力，共建“一带一路”反腐败和法治交流合作平台。

如涉世行贷款，需执行对投融资项目信息和数据公开披露的《世界银行公开数据动议》；经合组织成员，可参照执行对东道国合作伙伴进行尽职调查和监督的《经合组织跨国企业准则》和《反贿赂公约》。

2. 完善与创新的国际规则

根据 SiLKS 秘书处的调查，分别有 68.09%、61.07% 和 51.07% 的调查者认为，共建“一带一路”有必要对包容性发展、债务与融资、第三方市场合作的国际规则进行创新和完善。

（1）总体原则

不构成对现有主要国际规则的挑战，在共商共建共享原则下，中国应发挥主导作用，重在已有相关领域国际规则的完善和相关领域缺乏国际规则的创新。

（2）具体原则

1）以双边机制为主体，逐步过渡到小多边、大多边机制。截至 2020 年 11 月，中国已同 138 个国际组织和 31 个国际组织签署了 201 份共建“一带一路”合作文件。应在双方签署文件基础上，明确双方必须遵循的有关绿色发展、透明与反腐败、包容性、债务与融资、知识产权保护等方面的国际规则。涉及多边的，可依托相关国际组织和区域次区域组织等多边机制进行完善与创新相关国际规则。

2）坚持由我引导、循序渐进的原则，先期可由中国主导以倡议等非正式规则，逐步过渡到指导原则等约束性更强的正式规则。因“一带一路”沿线各国国情不同，发展阶段有差异、资源禀赋各异、营商环境差距大，在平等协商基础上，中国可先引导制定相关非正式性规则，赋予规则一定灵活性和弹性空间，在推进过程中不断完善，逐步过渡到正式规则，并强化监督执行。

3）充分尊重当地国法律法规和发展阶段实际，在绿色发展、包容性、债务与融资等方面的国际规则，兼顾经济发展与东道国债务可承受、社会可持续之间的平衡。

（3）关于包容性发展的国际规则

目前在国际层面上，仅有国际劳工组织相关条约和联合国2030年可持续发展议程的相关条款。在国内层面，国家发改委、商务部、国资委等部委仅在企业境外投资规定中有相关包容性条款。针对民营企业用工本地化率偏低，国家发改委制定《私营企业境外投资行为准则》，要求从事境外活动的私营企业积极为当地创造就业机会。但这些包容性规则不系统，不具体，需要进一步完善。

完善思路。由推进“一带一路”建设工作领导小组办公室牵头，制定企业“一带一路”包容性发展总体行为准则。对标2030年可持续发展议程相关条款，参照经合组织包容发展框架（OECD Inclusive Growth Framework），进一步强化企业在实施“一带一路”项目时履行提供更多就业机会、技能培训和能力建设、为社区服务等方面的社会责任；借鉴亚开行的《国内优惠：采购指导说明》，对采购中纳入和使用当地货物和服务提供提出要求。推广中国对外承包商会的《中国国际承包商社会责任指南》，开发商和公司应优先采购本地产品和服务，以促进本地运营和培养本地员工。

（4）关于债务与融资的国际规则

2017年5月，中国财政部会同俄罗斯、阿根廷等26国财政部制定《“一带一路”融资指导原则》，呼吁沿线国家政府、金融机构、企业共同行动，本着“平等参与、利益共享、风险共担”的原则，推动建设长期、稳定、可持续、风险可控的融资体系。2019年4月，中国财政部牵头制定《“一带一路”债务可持续性分析框架》。该分析框架是在借鉴 IMF 和世界银行低收入国家债务可持续性分析框架基础上，结合“一带一路”国家实际情况制定的债务可持续性分析工具，鼓励中国和共建“一带一路”国家金融机构、国际机构在自愿基础上使用。目前这些规则约束力不强，无普适性，系统操作性还不够强。

完善思路：债务可持续方面，充分借鉴世行和 IMF 债务可持续性分析的思路与框架，包括外部债务风险评级、警示性阈值、透明度与数据披露、执行机制以及对规则不断评估和改革的制度；重点增加“政策有效性测试”，以辨别和评估哪些政策能够有效促进债务国的债务可持续性以及“债权方影响分析”，以分析特定债权方对加剧或减少债务国的债务风险，比较不同债权方对债务国债务可持续性的影响大小；充分考虑债务国发展实际情况，精准制定外部债务风险评估标准，综合考虑债务国外部债务规模、债务用途、投资回报率、吸引外资能力和外债管理能力，在不附加要求债务国结构性改革等政治条件下，构建“一带一路”债务可持续性评估体系和债务可持续能力建设的国际规则；在分析债务国债务总额、债务结构、还款能力、发展能力等基础上，制定对重债穷国的多边减债与重组框架，加强债务减免透明度和协调性。

融资方面，现阶段重点借鉴世行、亚开行、欧洲复兴开发银行和经合组织鼓励关于政府与社会资本合作（PPP）的混合融资规则，减少债务风险。继续坚持使用混合融资工具，包括投资补助金、可行性缺口融资、技术援助、贷款担保和公开披露的官方发展援助资金，明确主权担保的适用范围和条件。

（5）关于第三方市场合作的国际规则

中国已经与日本、法国、韩国、德国、英国、加拿大、新加坡、比利时、葡萄牙等 10 多个发达国家达成第三方市场合作的共识。2018

年5月中日双方签署《关于中日第三方市场合作的备忘录》，同意加强两国第三方市场合作，在中日经济高层对话机制下设立跨部门的“推进中日第三方市场合作工作机制”。目前以中国倡议为主，尚没有明确的第三方市场合作的国际规则。

创新思路：在坚持“企业主体、市场运作、政府引导、互利共赢”原则的基础上，中国联合已形成第三方市场合作共识的国家，依托南南合作框架，结合发达国家和发展中国家的知识、技能、经验和资源，明确在第三国分享知识和经验以及执行“一带一路”合作项目各自承担的资金、技术和社会责任等，提升第三方市场合作的透明度，明确各参与方的权利、责任和义务。

七、共建“一带一路”与国际规则完善和创新的政策建议

当前，共建“一带一路”国际规则存在问题主要有：一是牵头制定相关国际规则的“一带一路”专门国际机构和机制缺失；二是涉“一带一路”国际规则碎片化，缺乏统一规范的企业行为准则；三是中国规则标准不够国际化，如亚吉铁路、蒙内铁路等项目全线采用中国标准、中国技术、中国设备，但相关规则标准未有统一的英文版本，国际化程度低；四是中国企业在执行“一带一路”项目需遵守的国际规则时多是自主行为，摸索前行，遇到国际规则问题协调成本高，尚缺乏国家层面的统筹协调机制；五是“一带一路”项目援助与商业项目区分不明确，导致执行国际规则有偏差；六是国内相关机构、智库对共建“一带一路”需要遵循哪些国际规则、哪些领域国际规则需要完善和创新等方面缺乏深入系统研究。

为此，提出如下几点政策建议。

（1）以“一带一路”国际合作高峰论坛为基础，择时成立丝路合作与发展组织（Organization of Silk Road Cooperation and Development，OSRCD）。依托 OSRCD，坚持共商共建共享的原则和高标准、惠民生、可持续的目标。完善和创新融资和债务、包容性发展、第三方市场合作、商事仲裁、科技创新与知识产权保护等方面的国际规则。加强“一带一路”倡议与联合国2030年可持续发展议程的对接，在制定相关国际规则时纳入可持续发展指标。

（2）在推进“一带一路”建设工作领导小组领导下，统筹协调国内政府有关部门、行业协会，制定中国企业推进共建“一带一路”项目的行为总则。共建“一带一路”项目主体多为中国企业，应整合相关法律、法规和规范，制定中国企业参与“一带一路”项目建设需要遵循的行为总则，形成涵盖投融资、绿色发展、透明与反腐败、公平竞争、知识产权保护、社会责任和劳工权益等综合性的行为指南和监督执行措施，并以英文形式在国际上广为传播，形成国际规范。

（3）建立协调联络点，完善规则执行机制。在 OSRCD 成立前，由推进“一带一路”建设工作领导小组办公室牵头，依托中国驻外使领馆，在“一带一路”沿线地区，选择若干投资项目较多的节点国家，设立“一带一路”倡议中国政府协调联络小组，负责协调相关国际组织、东道国政府、行业协会、企业等各利益相关方，具体负责执行相关国际规则和处置涉及不当商业行为的申诉与纠纷，如劳工与环保纠纷、东道国违约失约行为等，同时加大能力建设，提升规则执行力。OSRCD 成立后，则由 OSRCD 承担这项职能。

（4）明确区分“一带一路”项目中的援助和商业项目。对于援助项目，按照中国对外援助的政策执行；对于商业项目，利益攸关方要遵循通行的国际规则，重在按照商业行为准则明确融资与债务规则，项目债务风险应可控，企业有利润，融资有保障，东道国债务可持续。

（5）发挥智库联盟作用，助力“一带一路”国际规则建设。共建“一带一路”涉及的国际规则领域广泛、沟通协商机制复杂，从双边、小多边到大多边，逐渐凝聚共识，是一个艰难漫长的过程。因此，需要发挥 SiLKS、“一带一路”智库合作联盟、“一带一路”国际智库合作委员会等智库联盟作用，就“一带一路”推进过程中涉及的绿色发展、透明与反腐败、包容性发展、融资与债务可持续、第三方市场合作、知识产权保护等领域的国际规则问题，开展联合研究，充分交流研讨，推动形成国际共识，为“一带一路”国际规则建设和高质量发展提供智力支持。

执笔人：陶平生　张友谊

参考文献

[1] 中国共产党第十九届中央委员会第四次全体会议文件汇编．北京：人民出版社，2019

[2] 中共中央关于坚持和完善中国特色社会主义制度、推进国家治理体系和治理能力现代化若干重大问题的决定（辅导读本）．北京：人民出版社，2019

[3] 熊婉婷，常殊昱，肖立晟．IMF 债务可持续性框架：主要内容、问题及启示．国际经济评论，2019（4）

[4] 推进“一带一路”建设工作领导小组办公室．共建“一带一路”：理念、实践与中国的贡献，2017－05

[5] 推进“一带一路”建设工作领导小组办公室．共建“一带一路”倡议：进展、贡献与展望，2019－04

[6] 田野．国际制度的形式选择：一个基于国家间交易成本的模型．经济研究，2005（7）

[7] 田野．中国参与国际合作的制度设计：一种比较制度分析．北京：社会科学文献出版社，2017

[8] 约翰·鲁杰．对作为制度的多边主义的剖析．载约翰·鲁杰（苏长和等译）主编．多边主义．杭州：浙江人民出版社，2003

[9] 潘忠歧．中国与国际规则的制定．上海：上海人民出版社，2019

[10] 陶平生，张友谊．积极推动共建“一带一路”在非洲高质量发展—赴埃塞俄比亚、肯尼亚调研报告．国务院发展研究中心调研报告，2019 年第 224 号

[11] 王桂泉．“一带一路”中国贡献世界的共同价值．党政干部学刊，2018（11）

[12] 梅冠群．百年变局中看“一带一路”四方面完善全球治理．中国一带一路网，2019

[13] 傅京燕，程芳芳．推动“一带一路”沿线国家建立绿色供应链研究．中国特色社会主义研

究，2018（5）

［14］高传胜．一带一路：包容性发展的国际示范．中国社会科学网，2017

［15］王新建．论包容性绿色发展的中国贡献—兼论包容性绿色发展理念的生成．江淮论坛，2018（5）

［16］曹文炼．第三方市场合作：1 + 1 + 1 > 3. 人民日报，2018

［17］赵隆．议题设定和全球治理——危机中的价值观碰撞．国际论坛，2011（4）

［18］胡玉婷．论软法与硬法在多维界分中的嬗变——以巴塞尔协议为视角．东方法学．2014（2）

［19］陈瑛，杨先明．技能短缺与技能提升：“一带一路”沿线国家中国企业海外雇工问题研究．北京：社会科学文献出版社，2018

［20］Oya，C. and Schaefer，F. . Chinese firms and employment dynamics in Africa：A comparative analysis. IDCEA ResearchSynthesis Report. SOAS，University of London，2019.

［21］Meltzer，J. China's One Belt One Road initiative：A view from the United States. Brookings Institution，2017.

［22］Ratner，E. Geostrategic and Military Drivers and Implications of the Belt and Road Initiative. Council of Foreign Relations，2018.

［23］Hillman，J. China's Belt and Road Initiative：Five Years Later. Center for International and Strategic Studies，2018.

［24］Deborah Brautigam，A critical look at Chinese “debt-trap diplomacy”：the rise of a meme. Area Development and Policy. 2020，5（1）.

［25］Hedley Bull，The Anarchical Society：A Study of Order in World Politics，Columbia University Press，1977.

［26］Krasner S. Structure Causes and Regime Consequences：Regimes and Intervening Variables，International Organization，1982，36（2）.

［27］Robert Keohane. International Institutions and State Power：Essays on International Relations Theory，Boulder，CO：Westview Press，1989.

［28］Robert Keohane and Joseph Nye. Power and Interdependence：World Politics in Transition by Boston，Little，Brown and Company，1977.

［29］James Rosenau and Ernst-Otto Czempiel eds. Governance without Government：Order and Change in World Politics，Cambridge University Press，1992，p1 – 29.

［30］Commission on Global Governance：Our Global Neighborhood. Oxford University Press，1995

［31］Kenneth，W. Abbott et. al. The Concept of Legalization，International Organization 2000. 54（3），p401 – 419.

专题报告一

世界银行对“一带一路”国际规则的启示

成立于 1945 年，拥有 189 个成员的世界银行是世界上规模最大、历史最悠久、成员最多的多边开发机构之一。时至今日，世行贷款项目在推动发展中国家经济建设中仍发挥着举足轻重的作用，2018 财年，国际复兴开发银行（IBRD）和国际开发协会（IDA）贷款支付总额为 318 亿美元，其中前者 174 亿美元，后者 144 亿美元①；同年，日本政府开发援助（ODA）总额为 100 亿美元②，亚投行贷款总额为 75 亿美元③，均远小于世行贷款规模。从 20 世纪 80 年代开始，随着环境保护、社会平等观念在发达国家深入人心，世行在这些主要股东国的影响下也开始考虑其贷款项目的环境和社会影响。同时，世行日益认识到“善治”对一国经济社会发展的重要作用。由此，世行在贷款业务中纳入一系列绿色、包容性和反腐败要求，并渐渐从作为融资渠道

① 2018 年世界银行年度报告。

② JICA2019 JAPAN INTERNATIONAL COOPERATION AGENCY ANNUAL REPORT，https：//www. jica. go. jp/english/publications/reports/annual/2019/c8h0vm0000f7nzvn-att/2019_ all. pdf.

③ https：//www. aiib. org/en/news-events/annual-report/2018/home/index. html.

的传统国际金融机构转型为推行特定议程和政策的国际公共机构①。数十年间，世行在绿色、包容性和反腐败领域发展形成了一套高标准、相对完备规范、具有可操作性并行之有效的规则体系，被看作是相关领域的国际最佳实践，具有较高的参考价值。因此本专题选取世行在以上三个领域的相关规则，分别介绍其规则提出和发展历程、主要内容、执行和违约仲裁及解决机制，并对规则普适性、强制性、精准性和授权性等做出评价，最后提出世行规则对“一带一路”相关领域规则的借鉴和启示作用。

一、世行绿色发展规则制定背景和主要内容

（一）规则提出和发展历程

1975 年，世行发布非强制性的“环境项目发展的指导方针”，但在其业务活动中，环境问题并没有受到重视②。在美国国内环保组织的压力下，美国政府从 20 世纪 80 年代开始向世行施压。1984 年，世行第一次提出项目环保规则，并逐渐将其作为强制性规定，是第一个建立环境评价有约束力政策的多边国际金融机构（见表 1）。

世行环境评价政策的发展过程也是其强制性和精准性不断提升的过程。

20 世纪 80 年代末期，由于巴西亚马逊河流域项目造成严重环境破坏和土著居民流离失所，世行遭到很多具有强大舆论动员力的环保领域非政府组织的抨击，国际形象一落千丈。面对这样的困境，1995 年上任的行长沃尔芬森提出综合发展架构（Comprehensive Development

---

① 陈一峰：“世界银行与全球管理主义——对世界银行《环境与社会框架》的思考”，《北京大学学报》（哲学社会科学版）2016 年第 53 卷第 6 期。

② 《世界银行贷款项目环境管理精解》，第 3 页。

表 1　　　　　　　　世界银行绿色发展规则演变过程

年份	规则演变过程
1984	世行在其业务手册说明（Operational Manual Statement）中首次纳入环保方面内容，并开始设立环境部门
1987	业务手册说明被环境业务指南（Operational Guidelines）取代
1989	世行颁布环境评价业务指令（Operational Directive）并制定了有关政策和审查程序，环评成为贷款项目审核的标准程序，实施和完成环评成为项目获批的先决条件，从而使世行成为建立环境评价有约束力政策的第一个多边国际金融机构①
1992	环境业务指南被环境业务政策（Operational Policies）和银行程序（Bank Procedures）取代
1999	环境评价业务指令并入环境业务政策和银行程序，后两者是世行员工必须遵守的政策和工作程序
2016	世行经过数年酝酿正式通过《环境与社会框架》（*The Environmental and Social Framework*，*ESF*），于 2018 年开始实施

资料来源：作者自制。

Framework），强调政府、多边援助机构、公民社会和私营部门多主体“参与式发展”，共同应对经济、社会、环境、反腐败等十三项发展挑战②，将环境保护与社会发展统筹考虑，并逐渐形成覆盖多主体、跨领域的十一项环境与社会安全保障政策（the Environmental and Social Safeguard Policies），包括：环境评价、私营部门活动的绩效标准、自然栖息地、林业、病虫害管理、物质文化资源、大坝安全、非自愿移民、土著居民、国际水道项目和有争议地区的项目。

2009 年，世行对以上政策实施情况进行评估，并开展新政策体系的制定和整合，最终于 2016 年正式通过了 ESF，并从 2018 年 10 月 1 日起适用于世行所有新投资项目融资③。ESF 整合并替代原有的十一

① 《世界银行贷款项目环境管理精解》，第 3 页。

② 《世界银行家世界银行行长沃尔芬森传》，第 188 页。

③ 参见世界银行官网。

项环境与社会安全保障政策，使之更为体系化。在 ESF 制定过程中，发达国家政府和西方非政府组织的意见发挥了决定性的影响[①]。ESF 包括三部分内容：一是世行可持续发展愿景，与过去的立场相比，世行对环境和社会政策的态度从被动的“不伤害”转变为主动的“最大限度提高发展效益”[②]；二是环境和社会政策（IPF），明确世行在项目投资中须强制性遵守的环境与社会标准以及相应的实施与评价机制；三是十个环境和社会标准（ESS），明确借款方在项目全周期中须达到的强制性标准，其中“环境和社会风险及影响的评价与管理”“金融中介机构”“利益相关方参与和信息公开”三项是总体运作规则，“资源效率和污染预防与管理”和“生物多样性保护和生物自然资源的可持续管理”两项为具体的环境方面规则，其余为社会方面规则[③]。ESF 中的绿色发展和包容性发展规则有比较明显的相互交织，如在“资源效率和污染预防与管理”标准中提出项目所在地如存在历史性污染，则借款方应确保其不会对工作人员和社区的健康和安全造成威胁，这又与劳工、社区等包容性发展规则高度相关。

除基本文件外，世行还提供《环境、健康与安全通用指南》，内含所有 ESS 的操作规范，要求借款国遵照执行。同时，世行为每项 ESS 提供指导文件、良好实践说明、相关模板和清单等各类资源，以提升规则清晰度和可操作性。

---

① 陈一峰：“世界银行与全球管理主义——对世界银行《环境与社会框架》的思考”，《北京大学学报》（哲学社会科学版）2016 年第 53 卷第 6 期，第 71 页。

② http：//pubdocs. worldbank. org/en/714941526486376076/Environmental-Social-Framework-chinese. pdf，p2.

③ 陈一峰：“世界银行与全球管理主义——对世界银行《环境与社会框架》的思考”，《北京大学学报》（哲学社会科学版）2016 年第 53 卷第 6 期，第 72 页。

（二）世行绿色发展规则主要内容

1. 资源效率和污染预防与管理

该部分规则覆盖六方面内容：一是促进资源可持续利用、提高资源使用效率，要求提高能源、水资源和原材料的使用效率，并且提出具体量化标准、操作范例和监控措施。二是通过避免或最小化污染来降低对人群健康和环境的不利影响，明确应参照的绩效标准等，还包括上文提到的历史性污染问题。三是避免或最大程度减少产生有害或无害废物。四是强调了减少温室气体排放，要求进行排放量估算。五是强化化学品和危险品管理。六是加强农药管理。

2. 生物多样性保护和生物自然资源的可持续管理

该部分规则覆盖四方面内容：一是保护和保存生物多样性和栖息地，明确栖息地、被改变的栖息地、自然栖息地、重要栖息地、法定保护区、国际认可的具有高度生物多样性价值的区域等概念，并按不同划分提出具体要求。二是在项目规划和实施中应用多层级缓解措施，并提供预防方法。首先在环评中考虑直接、间接和累积性影响，具体影响包括栖息地丧失、生态系统退化和破碎化、外来物种入侵、过度开采、水文变化、营养负荷、环境污染和偶然捕获以及预期气候变化影响等，在此基础上按照避免影响、缓解影响、补偿措施的顺序规划相关措施。三是促进生物自然资源的可持续管理，对于涉及初级生产和收获自然资源的项目（涉及种植、养殖、捕捞、猎取等），按照既有的国际最佳实践标准进行。四是通过融合环境保护需求和本地发展需求，支持项目所在地社区（包括土著居民）的生计和包容性发展。

（三）规则执行和仲裁及惩罚机制（见图 1）

环境和社会评价。借款国要按照 ESS 对申请世行资助的项目进行环境和社会评价，以评价整个项目周期各阶段的所有直接的、间接的和累积性的环境和社会风险和影响，在此过程中须与世行保持协商，并按《利益相关方参与和信息公开》标准纳入利益相关方和独立第三方。评价要求对项目进行准确描述，提供基准数据，描述风险和影响以及相应的风险和影响的识别与缓解措施，分析项目的替代方案，确定、完善项目选择，选址，规划设计和实施的方法。具体评价工具包括环境和社会影响评价、环境和社会审计、危害或风险评价、战略环境和社会评价等。世行鼓励依照借款国标准对项目进行评价、开发和实施，但前提是该标准须达到或超过世行相关标准。

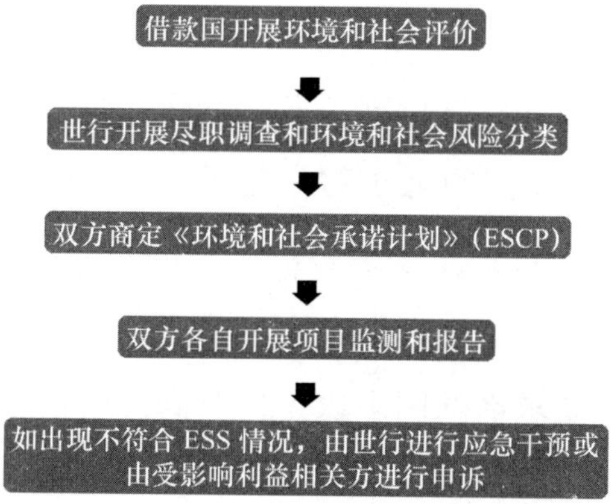

图1　世界银行绿色发展规则执行机制

尽职调查和环境和社会风险分类。世行将对借款国和项目开展尽职调查和风险分类（分为高风险类、较高风险类、中等风险类、低风险类），查清项目潜在的环境和社会风险与影响的本质和重要性、项目开发和实施的时间、借款国及其他项目参与方的能力以及借款国应对上述风险和影响的具体措施和行动，以协助世行决定是否同意支持项目，并有针对性地制定回应这些风险的方案。

《环境和社会承诺计划》（ESCP）。世行和借款国需商定ESCP，制定实质性的措施和行动，包括动态管理方法和程序，并明确每项任务的完成日期、不同管理工具等，以使项目在指定时限内满足 ESS 要求。该文件将成为项目法律协议的一部分，借款国须按计划认真执行，审查实施状态，并将其作为检测和报告的一部分。该计划须在项目评估前尽早公示。

项目监测和报告。世行和借款国将依照 ESCP 等协议对项目的环境和社会绩效进行分别、独立的监测，并组织利益相关方和独立第三方参与、补充、验证监测信息。借款国的监测报告要定期提交世行，并要为世行方面的监测提供便利。借款国在项目实施过程中如需变更 ESCP，需报世行审批。世行须对项目设计变更、情况变化等进行审查。

世行相关规则贯穿项目识别、立项审核、实施和完成全流程，在执行上具有天然优势。世行通过对利益相关方、第三方审核和信息公开的强调，进一步降低了违约的风险。当项目出现不满足 ESS 要求等情况时，借款国要提出解决方案和完成时间，并要提供充分详细的合理性证明；世行将要求借款国采取令世行满意的措施，在可接受的时间内达到要求。世行要负责评估方案在时间、技术和财务等方面的可行性和合理性。当借款国未能在规定时间内完成时，世行有权采取补救措施。项目所在地居民等利益相关方如因项目受到损害则有多个途径进行申诉，第一，世行支持利用借款国已有的司法、行政复议等机制。第二，世行要求借款国提供申诉机制和程序用于接受对项目的关注和申诉，确定是否因为世行或者借款国未遵守政策和程序而对利益相关方造成伤害，并给予申诉者反馈，同时根据职责划分提出解决方案。在有关劳工、非自愿移民、传统社区等规则中对申诉机制还做出了特别规定。第三，世行设立有申诉处理服务，可通过世行网站提交申诉，提交时不需要提供相关证据，世行在评估后会提出解决方案并监督实施[①]。第四，世行设有独立监察组[②]。

二、世行包容性发展规则制定背景和主要内容

包容性发展强调经济发展的社会意义，强调遵循社会规律，注重社会公平正义，减少不平等，关注包括弱势群体在内的所有人的实际需求、可行能力、发展环境与机会以及利益分配[③]。ESF 中就包容性做出说明：“包容性指的是允许所有人参与并从发展过程中获益。包容性涵盖促进平等和非歧视性的政策，包括能使贫困及弱势群体在内的所有人有更多机会获得教育、卫生、社会保障、基础设施、平价能源、就业、金融服务和生产性资产等方面的服务和利益。包容性还包括采取措施，为被排除在发展过程之外的群体，如妇女、儿童、残疾人、青少年和少数民族等，清除障碍，并确保能够倾听所有人的声音[④]。”世行社会政策的产生早于包容性发展理念的诞生。

（一）规则提出和发展历程

1969 年，美国出台《国家环境政策法案》和《城市与社会影响分析行政令》，要求联邦机构在规划决策中进行环境和社会影响评价，这被看作是项目社会评价的起源。社会影响评价方法在 20 世纪 70 年代以后迅速发展，并在国际机构及西方发达国家广泛运用[⑤]。纵观社

---

① https：//www. worldbank. org/en/projects-operations/products-and-services/grievance-redress-service.

② https：//www. inspectionpanel. org/chinese.

③ 人民日报评论员：发展必须是遵循社会规律的包容性发展。

④ http：//pubdocs. worldbank. org/en/714941526486376076/Environmental-Social-Framework-chinese. pdf，p1.

⑤ 《世界银行贷款项目社会评价精解》，第 29 页。

会影响评价制度的发展，其制度构建和设计本质体现了项目设计和完成中利益相关方主体日渐多元化的倾向，体现了随着公众表达渠道的多样化，不同利益相关方诉求逐渐被纳入项目设计、施工、监管的考虑范围，并逐步细化量化的过程。

1984 年世行首次要求在项目可行性研究中纳入“社会性评估”，1997 年世行成立社会发展部门，并在此过程中逐渐形成一系列安保政策，并在 2016 年颁布 ESF，包含“劳工和工作条件”“社区健康与安全”“土地征用、土地使用限制和非自愿移民”“原住民/撒哈拉以南非洲长期服务不足的传统地方社区”“文化遗产”五个包容性发展方面规则①。总的来说，世行社会政策发展呈现四个典型特征，一是从无到有，二是逐步完善，三是从单一到整合，四是从阶段参与到全过程介入②。

（二）世行包容性发展规则主要内容

1. 劳工和工作条件

该部分规则覆盖六方面内容：一是保障工作人员工作时长、工资、加班、薪酬和福利等方面的应有权利，并提供清晰明确的相关文件。二是促进对项目工作人员的公平对待，保证其在雇用、薪酬、工作条件、培训机会、工作分配、升职解雇退休等方面的平等机会和非歧视对待。三是保护工作人员中的妇女、残疾人、青少年（符合工作年龄标准）和外来工、合同工等弱势群体。四是避免强迫劳动和雇用童工。五是以符合国家法律的方式支持工人自由结社和集体谈判，若借

---

① http：//pubdocs. worldbank. org/en/714941526486376076/Environmental-Social-Framework-chinese. pdf.

② 《世界银行贷款项目社会评价精解》，第 6 页。

款国法律限制类似行为，则项目不限制工作人员制定替代机制，借款国不应试图影响替代机制，不得歧视或报复相关人员。六是明确职业健康和安全方面的标准，包括相关培训，制定流程，提供餐厅、卫生设施和休息区域等。

特别值得指出的是，该标准保障的“项目工作人员”包括直接工作人员、第三方合同工、主要供应商工作人员、社区工作人员，也包括全职工、兼职工、临时工、季节性工人和外来工。

2. 社区健康与安全

该部分规则覆盖三方面内容：一是社区健康与安全标准，包括基础设施和设备设计、社区服务、交通和道路、生态、传染病、危险品管理等可能对所在社区造成的各方面危险。二是安保人员风险，即如项目雇用安全保卫人员，则不允许其不合规使用武力，并对其进行培训和监督。三是关于大坝建设的特别条款。在第一、三项中，特别规定要制定应急预案。

3. 土地征用、土地使用限制和非自愿移民

该部分规则覆盖六方面内容：一是避免或最大限度减少非自愿移民，并对移民概念作完整和准确的定义。二是避免强制驱逐。三是明确缓解土地征用或使用限制的负面社会和经济影响的手段，包括及时准确补偿损失、协助恢复或提高移民生活水平。四是通过提供适宜住房、服务和其他设施以及保障租住权等改善弱势移民生活条件。五是将移民活动作为一种可持续发展规划来构思，根据项目提供充足投资，使移民可直接从项目中受益。六是保障知情权和决策参与权。

该部分就移民安置计划、移民安置框架和涉及对法定国家公园和保护区自然使用的程序框架提供了详细模板。

4. 原住民/撒哈拉以南非洲长期服务不足的传统地方社区

该部分规则覆盖三方面内容：一是充分尊重原住民/撒哈拉以南非洲长期服务不足的传统地方社区（以下简称传统社区）的人权、尊严、愿望、身份、文化和基于自然资源的生活方式。二是避免对传统社区的不利影响，如无法避免则尽量降低并给予补偿，并获得其自主的、事先和知情的同意，并在项目周期中预期建立持续和有意义的磋商。三是以传统社区容易接受、文化契合且具有包容性的方式为其增加可持续发展的效益和机会。

5. 文化遗产

该部分界定的文化遗产包括物质和非物质文化遗产、考古地点和文物、建筑遗产、具有文化意义的自然特征、可移动文化遗产等，纵观各世界性、区域性投资发展银行的相关规定，世行对于文化遗产的定义和涵盖范围是最详细的，并且包括保护措施、开发措施和与利益相关方的磋商要求等。

（三）规则执行和仲裁及惩罚机制

与上文绿色发展规则相关机制相同。

三、世行透明和反腐败规则制定背景和主要内容

（一）规则提出和发展历程

世行自1945年成立以来，一直秉持“政治中立原则”，将反腐败视作政治领域的问题和借款国主权范围内的事务，因而反腐败被列为

世行的“政治禁区”[①]。20 世纪 90 年代之后，腐败越来越成为全球问题，腐败对发展的阻碍及其产生的严重后果也日益明显，这使得世行必须直面腐败问题（见表 2）。

表 2　世界银行反腐败规则演变过程

年份	规则和重要机制演变过程
1996	世行颁布《采购指导方针》和《咨询顾问指导方针》，为世行制裁被查实货物或服务的采购、咨询顾问的选择或任何合同的执行中有欺诈或腐败行为的公司和个人提供了依据
1997	颁布《反腐败综合框架》，成立内部稽核部，推动制定反腐败政策和战略和对内部人员的舞弊和腐败进行调查和制裁[②]
1998	设立副行长领导下的世行机构廉政局（INT）、制裁委员会，建立起反腐败调查和处置架构；设立减贫和经济管理局，负责推动受援国制定良好治理和能力建设的行动和参与方案，并通过参与世行的业务与国际机构结成的伙伴关系，为多国家改善治理和控制腐败的方案提供了援助[③]；设立专门举报贷款腐败问题的 24 小时免费热线电话，并由世行以外的专家管理
2006	制定《反腐败指导方针》，明确规定借款人和其他贷款资金接受者应采取哪些行动来预防欺诈和腐败的发生以及发生后如何善后处理，以保证贷款资金被用于促进发展和减少贫困这一指定用途。成立独立评估小组（Independent Evaluation Group，IEG），建立参与舞弊和腐败活动的个人和公司的跟踪档案[④]

资料来源：世界银行官网。

1996 年，时任行长沃尔芬森发表题为《腐败的毒瘤》的讲话，首次把反腐败明确为世行发展议程的一部分。沃尔芬森指出，腐败是发展的主要障碍，是使贫困人口丧失活动能力的负担，世行不能容忍在其资助的项目中发生腐败，应采取措施确保其活动继续符合最高的廉

① Catherine Weaver，Hypocrisy Trap：The World Bank and the Poverty of Reform，Princeton University Press，2008，p93.

② 世界银行：“世界银行反腐斗争采取进一步措施”，2006 年 1 月 10 日。

③ 世界银行：“世界银行怎样反腐败”，2006 年 1 月 10 日。

④ 倪星、朱琳：“世界银行的反腐败战略及其对中国的启示”，《广州大学学报》2006 年第 2 期。

洁标准[①]，自此世行明确把反腐败纳入其业务活动范畴。

2006年，时任行长沃尔福威茨在印度尼西亚发表《善治与发展：是开始行动的时候了》的讲话，指出虽然印度尼西亚在与世行的合作中在减贫和经济发展方面取得世人瞩目的成绩，但其以严重的腐败为代价，导致其发展不可持续，这标志着世行在打击腐败方面的又一次提速[②]。

（二）世行反腐败规则主要内容

世行从战略高度看待透明和反腐败问题，其在这一领域的主要努力不在于在贷款项目中预防和消除腐败个案，而在于协助成员改善政府治理机制和政策，包括帮助有关国家改革政府部门架构、税收体制、立法和司法体系、财政政策以及培训政府官员、银行业从业者，在决策过程中扩大公众参与等，同时也包括制定和实施具体的反腐败措施和活动。例如，世行要求所有《国家援助战略》（CAS）中都要研究治理问题，包括腐败状况，在某些风险较高的国家，治理与反腐败已经成为整个援助方案的落脚点。此外，世行积极引领和参与国际反腐败努力，与包括联合国、国际货币基金组织、欧盟等国际组织和国家联合制定政府透明化标准、发布相关倡议、组织培训和研讨会等[③]。如世行和IMF的《减债动议—重债贫困国家动议》（HPC）着眼于政府如何分配和管理资源，在帮助政府跟踪和报告公共支出、评估和改进支出管理制度、协调捐助机构的援助工作方面开展工作。近年来，

① 世界银行："你所不知道的有关世界银行和反腐败的十件事"，2006年1月10日。

② 朱杰进、向晨："世界银行的反腐败标准及其对金砖银行制度建设的启示"，《国际观察》2017年第4期，第47页。

③ 丁开杰："世界银行帮助受援国创造善治环境"，《中国监察》2003年第9期，第60～61页。

世行每年用50多亿美元的贷款帮助各国建立有效的和负责任的公共部门制度。

世行在贷款项目中的透明和反腐败规则具体体现在《采购指导方针》《咨询顾问指导方针》和《反腐败指导方针》中。

1. 对应受制裁行为的定义（见表3）

表3　接受制裁行为的定义

腐败	直接或间接地提供、给予、接受或索取任何有价值物品，不正当地影响另一方的行为
欺诈	通过任何作为或不作为（包括错误表述）蓄意或肆意误导（或企图误导）某一方，以谋取财务等利益逃避义务
共谋	双方或多方之间的安排，图谋达到不正当目的，包括不当地影响另一方的行为
胁迫	直接或间接地削弱或损害（或威胁削弱或损害）任一方或该方的财产，不正当地影响某一方的行为
妨碍	故意销毁、伪造、窜改或藏匿对调查有重要意义的证据；或向调查人员做出虚假陈述，以图严重妨碍世界银行对被指控的腐败、欺诈、施加压力或串通行为进行调查；或威胁、骚扰、胁迫任何乙方使其不得透露与调查相关的所知信息或参与调查；或企图实质上阻碍世行进行调查和行使根据合同条款所赋予世行的审计权利的行为①

资料来源：世界银行官网。

2. 受相关规则约束的主体

包括相关项目的投标人、承包商、供应商、分包商、顾问、服务提供商、贷款收益的任何接受者及其代表。世行员工由世行的内部规则进行制约。

3. 严格规定借款国责任

《反腐败指导方针》要求借款国：第一，采取所有适当的措施预防项目中的欺诈和腐败行为；第二，加强宣传工作，保证向参与项目

---

① 世界银行制裁体系解读，https：//www. pkulaw. com/lawfirmarticles/e106961fddf6e56af7f8285526252b61bdfb. html.

的工作人员提供《反腐败指导方针》；第三，向世行举报在贷款使用方面涉嫌欺诈和腐败的行为，对世界银行的调查给予合作；第四，如果在世界银行资助项目中发生欺诈或腐败，则须采取及时和适当的行动加以处理；第五，借款人须在与其他贷款资金接受者（包括承包商等）之间的协议中加入反腐败条款。

4. 惩罚措施

就内部腐败问题，世行明确指控、仲裁和处置流程，对于公司或个人从事应制裁行为的指控，由世行 INT 进行调查。如果发现有足够的证据可以证明指控成立，则将案件交由评估及暂时除名专员处理。

对于外部腐败问题，世行可采取谴责信，制裁或永久制裁，有条件解除的制裁，有条件地免于制裁以及返还得利等措施制裁在世行资助项目中从事应制裁行为的公司和个人。制裁会导致被取消资格的公司和个人不得参与由世行贷款或资助的项目或获取项目下的合同，取消资格的范围会涵盖其“附属公司”，任何制裁的实施将适用于制裁对象的承继者和转让者。世行不制裁成员国政府或政府官员。如果某政府内发生欺诈或腐败，世行会与该政府一道处理此问题；如果无法找到解决办法，世行可依照其与该国的法律协议采取行动。世行可暂停拨付贷款和（或）注销未拨付贷款款项，并可要求提前偿还贷款[①]。

需要指出的是，由于世行与亚洲开发银行、非洲发展银行集团、欧洲复兴开发银行、美洲开发银行集团等签署了《共同实施制裁决议的协议》，被世行制裁的企业将受到上述机构的交叉制裁。

---

① 世界银行的反腐败活动。http：//bjgy. chinacourt. gov. cn/article/detail/2015/07/id/1667970. shtml.

（三）规则执行和仲裁及惩罚机制（见图2）

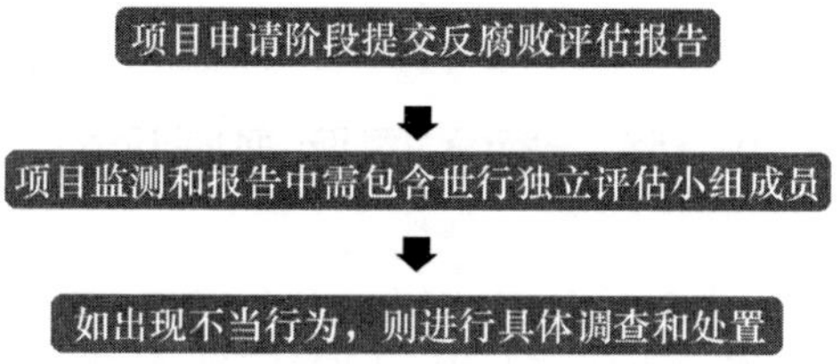

图2　世界银行反腐败规则执行机制

反腐败评估报告。在项目申请时须包含反腐败评估报告，明确项目的完成时间、反腐败资金投入总额、在实施过程中存在腐败现象的可能性等①。

项目监测和报告。在项目监测中要求必须有一名世行独立评估小组成员，赴项目所在地了解项目执行是否存在腐败问题、是否存在隐瞒腐败的行为。

不当行为的调查和处置。如果发现企业在世行资助的项目中实施了腐败、欺诈、共谋、胁迫或妨碍调查的行为（即所谓的“可制裁行为”），INT 将对此进行调查。如果 INT 认为存在可制裁行为，将向暂停与取消办公室（Office of Suspension and Debarment，OSD）提交指控声明和相关证据，OSD 对此进行审理。如果 OSD 认为证据充足，将向企业发出制裁程序通知，说明指控内容及制裁措施。收到制裁程序通知后，企业可选择救济途径，一是提交书面解释，要求 OSD 撤销或修改制裁措施，如果 OSD 不同意撤销或修改制裁措施，企业可继续向制裁委员会申诉；二是直接向制裁委员会申诉。如果企业向制裁委员会申诉并要求听证，制裁委员会可要求被调查企业和 INT 进一步提交辩词和证据，并组织听证。制裁委员会有权做出是否制裁或如何制裁的

---

①　朱杰进、向晨：“世界银行的反腐败标准及其对金砖银行制度建设的启示”，《国际观察》2017 年第 4 期，第 48 页。

最终决定①。

四、世行相关国际规则评价

本文以普适性、强制性、精准性和授权性为评估标准对世行有关规则进行评价。普适性即规则是否普遍适用、是否为大多数国际行为主体所接受和认可。强制性即规则是否必须服从和具有法律约束力，是否为行为主体必须服从的规则和承诺。精准性即规则是否清晰且准确地界定所要求、授权和禁止的对象，更精准的规则往往意味着更强的执行效力。授权性即规则是否有第三方主体被授权来履行、解释、争端解决。

普适性强。世行是世界最大的多边政府间国际组织之一，也是发展中国家发展援助最主要的资金来源方之一，贷款项目遍及世界。目前，世行仍在进行当中的贷款项目共计2589个，覆盖132个国家，涉及金额共计2570亿美元②。ESF等文件明确规定，其相关标准适用于世行融资支持的所有项目，且世行仅支持满足该标准的项目，是典型的“大多边”国际规则。此外，世行相关规则的一大特点即是其适用对象广，包括承包商、金融中介机构和供应商等。在反腐败问题上，世行还与多家国际机构就交叉制裁达成协议，进一步扩大了其标准的普适性。

强制性强。虽然ESF等作为世行内部法，对世行成员国无法律上的直接约束力，但由于相关规则对世行具有强制力，世行人员在项目中必须遵守，并在与借款国签署项目法律协议时将遵守相关规则作为

---

① 世界银行制裁体系解读，https：//www.pkulaw.com/lawfirmarticles/e106961fddf6e56af7f8285526252b61bdfb.html.

② https：//maps.worldbank.org/.

前提，借款国也有义务诚实履行相关法律协议。另外，世行相对于大多数发展中国家是强势国际组织，且又是贷款方，更使得违约可能性降低，这就使世行相关规则具有事实上的强制性和法律约束力。

精准性强。从前文的介绍中可以看到，ESF 等文件极为明确，详细给出每项标准的定义、受管辖主体、各方职责、执行程序、要求、监督管理、工具方法等，并且提供了大量指导文件和模板，模糊空间非常小。同时世行建立了一系列与规则相配套的执行和仲裁机制，进一步提高了规则在执行方面的精准性和可行性。

授权性强。世行作为多边政府间国际组织本身即是授权性最强的国际机制，工作团队汇集各国精英，强调人员和文化的多元化，且以25 个国家执董组成的执董会为决策机构，在对有关规则的执行和仲裁中强调独立性和多元参与，进一步加强了授权性。

世行是一个以消除极端贫困、促进共享繁荣为使命和议程的国际组织，不以盈利为目的，因此世行绿色、包容性、透明和反腐败方面规则标准很高，意图在项目中实现环境和社会收益最大化，并同时提高借款国治理能力，这也带来其规则发展的两个特点。

（1）世行规则及其机制突破了传统的国家主权观念。例如相关规则赋予世行检查借款国环境和社会框架的权力，并拥有是否在项目中采用相关框架的决定权①；再如其在劳工规则部分明确赋予各国劳工工会权；在这些权力的行使中，世行不需要甚至排斥借款国的授权和参与，而劳工权利、环境保护等传统上属于主权国家内部事务。世行作为政府间多边国际组织和全球经济治理体系的柱石之一，天然具有较高的合法性。

---

① 陈一峰：“世界银行与全球管理主义——对世界银行《环境与社会框架》的思考”，《北京大学学报》（哲学社会科学版）2016 年第 53 卷第 6 期，第 76 页。

（2）世行规则标准过高，难以达到。对很多发展中国家来说，世行标准过高、涵盖面过广，对这些国家的政府治理能力是很大的挑战，极大地增加了它们从世行获取融资的难度，也使得有关项目经济回报率降低。

五、对“一带一路”国际规则的启示

（一）相关规则应遵循被动的“不伤害”原则，不追求过高标准

“一带一路”倡议不是发展援助计划，强调互利性和市场化，共建原则明确强调坚持市场运作，“遵循市场规律和国际通行规则，充分发挥市场在资源配置中的决定性作用和各类企业的主体作用[①]。”“一带一路”相关规则应以“不伤害”为原则，即不在项目中造成可以避免的环境和社会危害；充分发挥贷款项目对东道国经济发展的推动作用，不因有限的、可修复的环境和社会影响因噎废食。

（二）进一步提高国内相关领域规则的精准性

与世行相关规则比较，我国国内针对工程项目的环境和社会规则不够精准、条款相对模糊、机制不够健全。首先，我国国内环评仅对环境方面提出要求，社会等方面要求还是空白；其次，世行规则强调全过程管理，覆盖项目申请、施工监理和完工验收等阶段，国内一般仅在环评报告批复和环保设施竣工验收时进行监管；最后，世行规则也更重视公众参与和第三方评估[②]，国内在这一领域相对薄弱。

---

① 国家发展改革委、外交部、商务部：《推动共建丝绸之路经济带和21世纪海上丝绸之路的愿景与行动》，2015年3月。

② 《世界银行贷款项目环境管理精解》，第6页。

（三）在国内标准和东道国相关规则基础上制定符合发展中国家实际的“一带一路”规则，提高规则普适性

世行等以西方发达国家为主要股东国的国际组织在规则制定方面有明显的“股东国导向”，即相关规则的出台和发展以股东国国内政治议程为转移。一方面，“一带一路”应更多采取“东道国导向”，以实现东道国经济社会发展为目的，在规则适用上尊重东道国发展阶段、文化宗教特点等。另一方面，中国作为“一带一路”倡议的提出国和重要融资来源，应在相关规则的制定方面发挥引领作用，首先逐步提高国内投资标准、制定对外投资法律，并在此基础上结合“一带一路”沿线国家实际情况制定具有普适性的规则体系。

（四）加强对规则执行情况的全流程监管，增强规则强制性

世行规则执行贯穿项目周期全部过程，项目在甄别阶段就进行环境、社会和反腐败分析，通过初步分析可以明确是否有潜在的重大问题，以在项目准备阶段进行问题导向的详细分析，并将其主要发现纳入下一阶段项目工作大纲中。在项目实施阶段，则按照有关规则进行参与式项目管理、项目监测和项目效果评价。监测评估的结果会促使重新调整项目组成和实施计划。在项目竣工后再次进行环境、社会和反腐败评价。规则的全流程作用提高了规则强制性，也降低了违约造成的补偿成本。

（五）有针对性开展对外宣介

世行在 20 世纪八九十年代资助的巴西亚马逊河流域等项目造成严重的环境和社会破坏，引来有关领域非政府组织的责难，一度十分被动，国际形象受到严重打击。“一带一路”应汲取世行教训，在有关

项目的环境、社会和反腐败影响方面及时有效地回应国际社会关切，积极主动客观地发布相关消息，提高透明度。

执笔人：余　军　王怀宇　龙应显

参考文献

[1] 陈一峰. 世界银行与全球管理主义—对世界银行《环境与社会框架》的思考. 北京大学学报（哲学社会科学版），2016，53（6）
[2] 何勇，潘良君等. 世界银行贷款项目环境管理精解. 南京：东南大学出版社，2017
[3] 塞巴斯蒂安·马拉比. 世界银行家世界银行行长沃尔芬森传（中译本）. 北京：世界知识出版社，2009
[4] 世界银行. 世界银行环境和社会框架. 华盛顿特区：世界银行，2016 [2019 - 10 - 15]. http://pubdocs.worldbank.org/en/714941526486376076/Environmental-Social-Framework-chinese.pdf
[5] 潘良君，何勇，王海涛等. 世界银行贷款项目社会评价精解. 南京：东南大学出版社，2017
[6] WEAVER Catherine. Hypocrisy trap: the World Bank and the poverty of reform. Princeton University Press，2008：93.
[7] 倪星，朱琳. 世界银行的反腐败战略及其对中国的启示. 广州大学学报，2006，5（2）
[8] 朱杰进，向晨. 世界银行的反腐败标准及其对金砖银行制度建设的启示. 国际观察，2017（4）
[9] 丁开杰. 世界银行帮助受援国创造善治环境. 中国监察，2003（9）

专题报告二

经合组织对“一带一路”国际规则的启示

习近平主席在第二届“一带一路”国际合作高峰论坛开幕式上指出，“一带一路”要引入各方普遍支持的规则标准，推动企业在项目建设、运营、采购、招投标等环节按照普遍接受的国际规则标准进行。“一带一路”建设推向高质量发展，须与经济合作与发展组织（OECD）等制定的相关国际规则充分对接，进一步完善“一带一路”规则体系。

OECD 是由 36 个市场经济国家组成的以研究和协调经济社会政策、推动制定国际规则为主要职能的政府间国际经济组织，旨在共同应对全球化带来的经济、社会和政府治理等方面的挑战，并把握全球化带来的机遇。半个多世纪以来，OECD 以其雄厚的研究实力和有效的政策对话机制，积极倡导和推动国际规则制定，其中，OECD 融资与债务规则、透明与反腐败规则以及绿色发展规则在全球治理中发挥着重要作用。OECD 上述国际规则与完善“一带一路”规则直接相关，应予以充分重视。

一、OECD 国际规则简述

（一）债务与融资规则的主要内容

OECD 在债务与融资领域的国际规则主要是两大类：发展融资规则和出口信贷规则。OECD 掌握着全世界发展融资的规则制定权，形成了一套比较完整的发展融资规则体系。而 OECD 的出口信贷规则通过规定最低保险费率、最低利率、环境保护、打击贿赂、支持重债穷国等要求规范发达国家的出口信贷行为，维护信贷市场的秩序，特别是金融危机后，OECD 的出口信贷规则被视为国际贸易公平竞争的重要因素之一。

1. 发展融资规则体系

发展援助委员会（Development Assistance Committee，DAC），是 OECD 下属的委员会之一，现有 29 个成员[①]，负责协调向发展中国家提供官方发展援助，是国际社会援助发展中国家的核心机构。DAC 自 1961 年成立以来，一直掌握着发展融资领域的规则制定权，被 DAC 成员和国际社会广为接受，这些规则主要包括官方发展援助（ODA）、可列入国家方案的援助（CPA）、官方对可持续发展的总支持（TOSSD）、混合融资等，形成了较为完整的发展融资规则体系[②]。

（1）官方发展援助（Official Development Assistance，ODA）。根据

---

① 包括 28 个 OECD 成员国（美国、英国、法国、德国、意大利、加拿大、澳大利亚、新西兰、爱尔兰、荷兰、比利时、卢森堡、奥地利、瑞士、挪威、冰岛、丹麦、瑞典、芬兰、西班牙、葡萄牙、希腊、斯洛文尼亚、捷克、斯洛伐克、波兰、日本、韩国）和欧盟，世界银行、国际货币基金组织和联合国开发计划署作为常驻观察员参与。

② “Development Finance Standards”，https：//www. oecd. org/dac/financing-sustainable-development/development-finance-standards/.

1972 年修订的《DAC 援助术语和条件建议》，ODA 是指发达国家政府（包括中央政府与地方政府）提供给发展中国家或多边机构，以促进受援国发展水平和提高人民福祉为主要目标，赠与水平在 25% 以上的赠款或贷款。军事援助、促进援助方安全利益及商业目的出口信贷不属于 ODA。为了计算流向发展中国家的 ODA 及受援方的债务存量，OECD 和世界银行于 1967 年共同建设了贷方报告系统（Creditor Reporting System，CRS），由 DAC 成员每年向 CRS 报告各自 ODA 数据，DAC 每年进行两次数据更新，并于当年 12 月发布年度最终数据，包括上一年度所有单个 ODA 项目数据[①]。CRS 援助活动数据库是权威的 ODA 和部门细分数据来源，在发展领域被各国政府、相关组织和研究人员广泛使用，CRS 还是 DAC 成员监视其特定援助政策与项目实践情况的工具。

（2）可列入国家方案的援助（Country Programmable Aid，CPA）。CPA 是 ODA 的子集，较为精确地反映国家和地区接受与使用发展援助资金情况。为保证资金统计的精确性，CPA 从双边 ODA 总额中减去以下金额：一是不可预见金额，如人道主义援助和债务减免；二是无需跨境流动的金额，如行政管理费、培训费、研发费、难民费等；三是不构成双边合作协议的部分金额，如粮食援助、地方政府援助；四是非援助方设立的项目，如非政府组织的核心资金、ODA 股权投资等。但 CPA 不扣除贷款还款金额。

CPA 是基于向 DAC 未来支出计划调查数据的总体概念，并具有以下特点：①提高受援国接受发展援助的透明性；②提高受援国话语权；③将发展援助的成效与援助方先前陈述的意图进行比较，改善问责

---

① “Official Development Assistance (ODA)”, https://www.oecd.org/dac/financing-sustainable-development/development-finance-standards/official-development-assistance.htm.

制；④更容易确定援助方活跃程度；⑤确保ODA分配到最需要的领域。

（3）官方对可持续发展的总支持（Total Official Support for Sustainable Development，TOSSD）。DAC对TOSSD的定义是“促进发展中国家可持续发展与促进全球和地区层面应对全球发展挑战的所有官方支持的资金”，希望被联合国和国际社会认可和接受，成为统计各国对联合国2030年可持续发展议程（SDGs）贡献的工具，对发展融资进行更全面统计。DAC提出TOSSD的背景主要是金融危机后，发达国家ODA增长疲软，与联合国规定的0.7%的目标相距甚远，ODA在流入发展中国家的总资金中的比重不断下降，只占到10%～15%，越来越不能体现流入发展中国家的资金全貌；此外，南南合作不断发展，但对南南合作的资金没有统一的统计工具，因此，DAC推出TOSSD，拓宽流入发展中国家的资金统计范畴，希望最终实现鼓励更多类型的资金流入，协同满足SDGs融资需要。

TOSSD与传统ODA的主要区别包括：一是资金范围更广，包括官方提供、官方推动、用于发展中国家可持续发展的所有优惠和非优惠资金；二是拓宽统计范畴，将南南合作和多边发展机构的融资、官方出口信贷、私人慈善捐资、对外直接投资、汇款等数据统计在内，将流入发展中国家用于可持续发展的资金全部统计在内；三是改变ODA向DAC报告的传统渠道，改为通过联合国或多边开发机构的渠道收集数据，由DAC汇总统计与发布，以实现TOSSD资金统计的全面性与准确性。

TOSSD由两大支柱组成，一是通过双边和多边渠道直接用于受援国可持续发展的官方支持资金；二是用于支持全球和地区可持续发展行动的资金（如应对气候变化、传染病防治等）。TOSSD还没有形成法律性约束，仍处于工具概念的形式、处于论证阶段。

（4）DAC 关于 SDGs 混合融资的五大原则。2017 年 10 月 31 日的 DAC 高级别会议批准了 DAC 关于联合国 2030 年可持续发展议程（SDGs）混合融资原则。原则一，将混合融资与发展基本原理紧密相连；原则二，混合融资要进一步调动商业融资；原则三，使混合融资与当地情况对接；原则四，为混合融资构建有效的合作伙伴关系；原则五，监管混合融资的透明度。DAC 成员期待通过联合国、欧盟、世界经济论坛以及二十国集团和七国集团等平台推广混合融资最佳实践。

2. 出口信贷规则

政府贷款一般包括政府优惠贷款和官方支持性出口信贷。政府优惠贷款是由出口信贷机构（Export Credit Agencies，ECAs）直接提供的贷款，国际上目前还没有相关政府优惠贷款规则。官方支持性出口信贷是政府提供担保的贷款，以支持出口交易。出口信贷是为支持本国商品出口，如大型机械设备、工程项目的出口，对本国出口商或国外的进口商提供较低利率贷款的融资方式，具有一定的商业动机和需求驱动，因此不能将其归入 ODA 范畴，但是在减轻风险，促进经济关键领域（例如工业、基础设施）项目发展方面发挥着重要作用。为规范出口信贷行为，OECD 贸易委员会的分支机构出口信贷组（Export Credit Group，ECG）于 1976 年发布《官方支持的出口信贷安排》（*Arrangement on Officially Supported Export Credits*），之后几经修订与完善；2008 年，为了缓解低收入国家的债务可持续问题，OECD 还颁布了《促进对低收入国可持续官方出口信贷的指导意见》。这两个文件是 OECD 关于出口信贷规则最重要的两个文件。

《官方支持的出口信贷安排》对提供官方支持的出口信贷偿还条款、最低保费率、最低利率、防止贿赂和保护环境、参与者使用附加援助的条件进行了限制，是签署国对出口信贷行为的承诺，通过制定官方支持性出口信贷的框架，防止政府通过提供融资和补贴，增加出口，规范出口贸易主要取决于出口商品的质量与价格，为出口贸易创造公平竞争的环境①。

《促进对低收入国可持续官方出口信贷的指导意见》是为了促进低收入国家债务可持续，制定了如下规则：一是 ECG 成员遵守 IMF 和国际开发协会（IDA）关于低收入国家最低优惠条件，帮助它们降低债务风险；二是向不满足 IMF 和 IDA 优惠贷款条件的全球最低收入国家提供信贷时，ECG 成员考虑在 IMF 和世界银行对该国进行债务可持续分析后提供信贷；三是提高向低收入国家提供信贷的透明度。

（二）透明与反腐败规则的主要内容

OECD 在反腐败领域的规则体系可以分为两个方面，一是规范跨国企业和国际投资行为；二是打击向官员贿赂。OECD 反腐败领域的规则体系最初来源于《OECD 国际投资与跨国企业宣言》，该宣言于1976 年 6 月在 OECD 部长级会议上通过，是加入国政府对开放透明的跨国投资环境和规范跨国企业行为的政策承诺。2011 年，《OECD 跨国企业准则》加入该宣言，形成了对跨国企业在国际投资中关于透明与反腐败领域的具体规则。《国际商业交易中打击贿赂外国官员的公约》是打击向官员行贿的基础性规则。

1. 规范跨国企业和跨国投资的反腐败规则

《国际投资和跨国企业宣言》主要由指导方针、国民待遇，争端解决、跨国投资激励与抑制、协商程序等五部分内容组成。该宣言制

---

① "Financing terms and conditions", http：//www.oecd.org/trade/topics/export-credits/arrangement-and-sector-understandings/financing-terms-and-conditions/.

定的规范跨国企业和跨国投资的反腐败规则包括：跨国企业不应为获取或保留业务而提供、承诺、给予或要求贿赂，并抵制索贿和敲诈勒索；企业不应向公职人员行贿或提供其他不正当的利益；企业应制定内部道德合规计划，预防贿赂，不鼓励使用小额疏通费，且支付此类款项时应准确记录在案；妥善记录有关雇员的尽职调查；对代理商定期监督，并根据适用的公开披露原则，保留与公共机构和国有企业进行交易的代理商名单，提供给主管部门；提高企业反贿赂工作的透明度；不得为公职候选人、政党或其他政治组织非法捐款，政治捐款应完全符合公开要求。

值得一提的是，《OECD 跨国企业准则》除了制定相关领域的商业行为规则以外，还提出了独特的规则执行机制，即在加入国建立国家联络点（National Contact Points，NCPs），通过接受申诉、调查评估、斡旋调解等方式，公正、公平、有效地解决相关申诉。为保证 NCPs 的有效性，2011 年该准则最新修订版中为 NCPs 的完善与发展制定了四项核心标准，即透明性、可见性、可及性及问责制，进一步加强了 NCPs 的可操作性与实效。根据 OECD 的统计，2011 年该准则签署以来，NCPs 接受申诉的案件中有超过 50% 通过斡旋使相关方达成一致意见，促成企业调整相关政策和管理体系，并实现对受害者的补偿①。

2. 打击向官员贿赂的规则

《国际商业交易中打击贿赂外国官员的公约》由 OECD 成员国谈判会议（Negotiating Conference）于 1997 年 11 月 21 日通过，建立了一个具有法律约束力的标准，将国际商业交易中贿赂外国公职人员定为刑事犯罪。这是针对贿赂交易“供应方”的第一个也是唯一的国际反

① “Country Contact Points for International Co-operation ”，http：//www. oecd. org/daf/anti-bribery/OECD-WGB-Country-Contact-Points-International-Cooperation-July - 2018. pdf.

腐败公约。

该公约主要包括 17 类条款，其中包括：贿赂外国公职人员的罪行、法人责任、制裁、管辖权、执法、法规时效、洗钱、会计、彼此法律支持、引渡、负责机关、监测与跟进、签名和加入、批准与存续、生效、修正和撤回①。为确保履行公约规定的国际义务并监督落实，该公约成立了 OECD 关于国际商业交易反贿赂工作小组（OECD Working Group on Bribery in International Business Transactions），每年按季度会发布四次监督报告②。

OECD 成员国及部分非成员国接受该公约，其中非成员国包括阿根廷（2001. 04）、巴西（2000. 10）、保加利亚（1999. 02）、哥伦比亚（2013. 01）、哥斯达黎加（2017. 07）、秘鲁（2018. 07）、俄罗斯（2012. 04）、南非（2007. 08）。

（三）绿色发展规则

OECD 在绿色发展领域的规则可以分为两个方面，一是帮助各国政府实现增长目标与环境保护相统一的绿色增长规则；二是规范跨国企业的环保行为的规则。

1. 帮助各国政府实现增长目标与环境保护相统一绿色增长规则，实现经济社会发展的可持续性

OECD 对绿色增长的定义是“在促进经济增长及发展的同时，确保自然资产能不断提供人类福祉不可或缺的资源和环境服务”③。绿色

① “Convention on Combating Bribery of Foreign Public Officials in International Business Transactions”, https://legalinstruments. oecd. org/en/instruments/OECD-LEGAL－0293.

② “Bribery in International Business”, https://www. oecd. org/daf/anti-bribery/anti-briberyconvention/phase2countrymonitoringoftheoecdanti-briberyconvention. htm.

③ OECD. Towards Green Growth. OECD Meeting of the Council, 2011.

增长构想并非可持续发展的替代，而是可持续发展的一个子集。绿色增长战略包括以下三个要素：绿色增长的政策框架，包括促进经济增长与自然资源保护相互支持的政策框架和激励高效利用自然资源、使污染者付出更高代价的政策；扩展的增长核算模型，以将环境与资源因素纳入经济增长计算模型中；各国可用来更好地平衡经济效率、环境效益和社会公平的政策和方法工具包①。

2. 规范跨国企业的环保行为的规则

为使跨国企业落实推动更为可持续的政策和最佳实践，力求经济、环境和社会目标的协调统一，OECD 于 1976 年出台经合组织《跨国企业准则》（OECD Guidelines for Multinational Enterprises），它是《OECD 国际投资与跨国企业宣言》下的 4 个文件之一，是一份经过多边商定、加入国政府承诺在全球范围内推广的企业责任文件，是加入国政府对创造开放透明国际投资环境的政策承诺。该准则中有专门章节提出规范跨国企业环保行为的规则，主要包括：

（1）建立和维持适合本企业的环境管理制度。

（2）向公众和雇员披露有关企业活动的环境、卫生和安全潜在影响的可衡量、可验证的信息。

（3）企业决策时，应评估并解决企业整个生命周期的环境、卫生和安全影响，避免或减轻这些影响。

（4）如果企业行为存在破坏环境的可能性，不得以任何理由延缓采用环保措施。

（5）制定企业环保和突发事件应急方案，并建立向主管部门迅速报告的机制。

---

① OECD. Towards Green Growth. OECD Meeting of the Council, 2011.

（6）持续改善企业及供应链的环境表现。

（7）为雇员提供环境、卫生与安全培训。

（8）支持制定有利于促进环保和提高经济效率的公共政策[①]。

二、OECD 相关国际规则的评价

（一）对 OECD 融资与债务规则的评价

一是在发展融资领域，OECD 经历了逐渐细化融资规则定义、扩大融资来源、增强与不同发展融资方合作对话的过程，尽管在发展领域面临 ODA 降低、“援助疲劳”“援助有效性”降低以及新兴援助国重要性不断上升等现实挑战，但 OECD 下属机构 DAC 作为全世界唯一的援助国机构，仍然主导着全球发展融资领域规则制定的话语权。

二是发展融资领域与债务领域的很多规则目前仍处于概念与讨论阶段（如 TOSSD），在具体操作执行过程中也存在难度。规则并没有对其成员形成“硬约束”，DAC 成员在接受规范时呈现出不同趋向，如欧洲国家更加注重人道主义、气候变化、环境保护等方面的援助，美国、日本等国家则较为注重商业或政治、安全方面的援助。因此，总体来说，OECD 的发展融资领域规则仍然属于“软约束”。

三是出口信贷规则的主要参与方都是发达国家，在全球经济秩序维护中具有很大的发言权，所以该协定在实践中的影响很大，已经成为出口信贷的国际惯例，并得到世界银行、IMF 等国际组织的高度评价。但同时，出口信贷相关规则的制定和修改过程都是由发达国家主

① OECD（2013），OECD Guidelines for Multinational Enterprises 2011 Edition（Chinese version），OECD Publishing，http：//dx. doi. org/10. 1787/9789264204881-zh.

导，代表的是发达国家之间的利益调整，并没有充分考虑发展中国家的利益。

（二）对 OECD 反腐败规则的评价

一是整体来看，OECD 反腐败规则具有较强的约束性。目前拥有 1 个《公约》、1 个《决定》、3 个《宣言》，若干个建议，并具有比较健全的监督执行机制和定期审核机制，尤其是《国际商业交易中打击贿赂外国官员的公约》，作为 OECD 仅有的 13 个国际协议性质规则之一，拥有多个后续建议、实践指南，较为明确地规定了成员国各项义务，措辞具有一定的强制性，要求各国根据刑事、民事、行政法律或原则对行贿者继续处罚。为各国打击外国贿赂的承诺奠定了坚实的法律基础，并建立了严格而有效的标准来指导工作。

二是反腐败规则的执行设立了较为健全且十分独特的执行机制。如《OECD 跨国企业准则》46 个加入国中，除了约旦和埃及没有设立国家联络点外，其他国家都设立了联络点。这些 NCPs 具有显著的优势：NCPs 成为企业讨论和解决众多商业问题的平台；采用咨询、协商、调解和非对抗的方式来解决争端，比仲裁快速高效且成本较低；有利于企业和各利益攸关方建立长远、有效和建设性的合作关系。

（三）对 OECD 绿色发展规则的评价（见表 1）

一是 OECD 绿色发展规则适用范围较广，超过 OECD 成员国范围①。OECD 绿色发展规则有 44 个国际法律文件，包括 38 个建议

---

① 例如，《绿色增长宣言》还包括欧盟和 9 个非成员国：保加利亚、哥伦比亚、哥斯达黎加、克罗地亚、格鲁吉亚、哈萨克斯坦、摩洛哥、秘鲁、突尼斯；《跨国企业准则》缔约方除 OECD 36 个成员国以外，还包括 12 个非成员国：阿根廷、克罗地亚、摩洛哥、巴西、埃及、秘鲁、哥伦比亚、约旦、罗马尼亚、哥斯达黎加、哈萨克斯坦和突尼斯。

(Recommendation)，6 个宣言（Declaration），涵盖了绿色发展的各个子领域，包括资源和能源有效和循环利用、污染防治、生物多样性和重点生态区域保护、环境信息与科技、环境影响评价、绿色公共采购等。

表 1　　　　OECD 规则的评价表

指标	普适性（Generality）	强制性（Obligation/Binding）	精准性（Precision）	授权性（Delegation）
指标内涵	规则是否普遍适用	规则是否必须服从和具有法律约束力	规则是否清晰且准确地界定所要求、授权和禁止的对象	规则是否有第三方主体被授权来履行、解释、解决冲突
分类	大多边、小多边、双边	具有法律约束力的义务 VS 无需强制执行的倡议	精准的、具有执行效力的规则 VS 表述含糊的规则	国际组织或法律机构作为独立第三方 VS 协调
融资规则	适中 属于小多边，仅在 DAC 成员国内部具有较强的适用性，并未包括太多新兴援助国，新兴援助国也对此保持一定距离	弱 发展领域仅拥有两个《宣言》文件，大部分以《建议》为主，具体实践过程存在程度差异，是一种“软约束”	较强 拥有数据报告系统、融资术语与条件约束、同行评议报告、发展质量评估等定期审查机制	适中 加强与相关国际组织、新兴援助国三方合作，但效果并不明显
反腐败规则	较强 属于大多边，《公约》包括 44 个成员国，占据全球 FDI 流出的 81%，出口贸易的 66%，前 100 家非金融类跨国公司中的 95 家	较强 拥有《公约》《决定》等文件，具备较强的法律约束力	较强 拥有监督实施的工作小组做定期审查，会敦促成员国必须有力执行	适中 《公约》欢迎联合国、世行、IMF、WTO、美洲国家组织以及欧盟等加强合作打击腐败，《跨国企业准则》要求政府建立国家联络点执行机制，但未涉及独立第三方授权

续表

指标	普适性（Generality）	强制性（Obligation/Binding）	精准性（Precision）	授权性（Delegation）
绿色发展规则	较强 属于大多边，对OECD36个成员国普遍适用，《绿色增长宣言》包括9个非成员国，《跨国企业准则》包括12个非成员国；与联合国机构、非政府组织合作并推广；政策分析框架和评估工具被诸多非成员国主动采纳和运用	适中 在有害废弃物跨境转移、化学品生产管理等安全领域强制性高；在环境资源效率提升、绿色增长、绿色金融等领域具有软约束力，形成道德约束力；绿色增长规则与其他领域规则（发展援助、创新、公共治理等）形成协同效应	较强 大部分《建议》《决定》的规则精准且拥有监督实施的委员会或工作小组做定期审查，敦促成员国有力执行；少部分《宣言》表述相对模糊，代表国家承诺的一般性原则	适中 《跨国企业准则》要求政府建立国家联络点机制，促进《准则》的执行、宣传和争端解决；如遇争端，允许国际仲裁机构介入，但未涉及独立第三方授权

资料来源：作者自制。

二是OECD绿色发展规则具有较强的软约束力，精准性和可操作性较强，在全球具有引领和指导作用。一方面，规则倡导的理念、方法和政策工具因其科学性、前瞻性和与其他领域规则的交叉一致性，深远地影响了各国的国家战略和法律、政策制定；另一方面，规则执行、监督和调解机制，约束着政府和跨国企业的行为，促使参与主体更积极地采取有利于绿色发展的政策和措施。

三、对“一带一路”国际规则的启示

（一）关于“一带一路”对OECD规则的借鉴与遵循

1. 融资与债务规则领域

OECD在融资与债务领域的国际规则主要是两大类：发展融资规

则和出口信贷规则。OECD 掌握着全世界发展融资的规则制定权，形成了一套比较完整的发展融资规则体系。而在出口信贷规则领域，OECD 的出口信贷规则被视为国际贸易系统正常运转的重要因素之一。应注意明确区分“一带一路”项目中的援助和商业投资项目，对于援助项目，按照中国对外援助的规定推进，参考 DAC 发展融资与债务规则；对于商业投资项目，利益攸关方要按照商业行为准则明确相关投融资规则，OECD 出口信贷规则在制定与修订的过程中主要考虑发达国家的利益与诉求，应在实际操作中注意甄别。

2. 透明与反腐败规则领域

OECD 在反腐败领域的规则体系可以分为两个方面，一是规范跨国企业和国际投资行为；二是打击向官员贿赂。OECD 在透明与反腐败领域目前拥有 1 个《公约》、1 个《决定》、3 个《宣言》，若干个建议，并具有比较健全的监督执行机制和定期审核机制，整体来看，该领域具有较强的约束力。涉及经合组织成员国的“一带一路”项目，可参照执行对东道国合作伙伴进行尽职调查和监督的《经合组织跨国企业准则》和《国际商业交易中打击贿赂外国官员的公约》。此外，“一带一路”反腐败规则体系的完善可参考 OECD 反腐败规则的思路，将规范企业主体的廉洁行为和所在国政府官员的廉洁结合起来，分别制定相关的规则体系。

3. 绿色发展规则领域

OECD 在绿色发展领域的规则可以分为两个方面，一是帮助各国政府实现增长目标与环境保护相统一的绿色增长规则；二是规范跨国企业的环保行为的规则。在跨国公司的商业行为方面，OECD《跨国企业准则》中的环境保护条款被 OECD 成员国和 12 个非成员国普遍接受和执行。“一带一路”项目涉及该准则缔约国时，项目实施主体仍受该准则约束，建议“一带一路”涉经合组织成员国项目参照《OECD 跨国企业准则》中企业环保、绿色发展、倡导绿色供应链等相关规则。此外，借鉴 OECD 绿色增长战略，鼓励增加绿色发展产业在“一带一路”项目中的投资比重，注重披露和传播项目对绿色与可持续发展的积极贡献。

（二）关于完善“一带一路”规则体系的政策建议

1. 建议择时成立丝路合作与发展组织（Organization of Silk Road Cooperation and Development，OSRCD），引领并完善“一带一路”规则体系，加强与沿线国家及国际组织的政策研究与政策对话，最终应形成由我主导的统一的“一带一路”制度化安排。可考虑在“一带一路”国际合作高峰论坛基础上，择时成立丝路合作与发展组织，坚持共商共建共享原则，促进成员国在“一带一路”倡议下开展合作，促进成员国经济社会发展；引领并完善“一带一路”规则体系，包括贸易投资自由化便利化、基础设施建设标准、绿色发展与生态环境保护、可持续发展、科技创新、第三方合作等，探索和形成更适应沿线国家发展阶段和需要的规则体系；加强与沿线国家及国际组织的政策研究与政策对话，帮助成员国政府进行政策协调等。

可参考成熟的组织架构与有效的运行模式进行顶层设计，成立理事会作为最高决策机构，审议通过发展战略与工作计划，并对重大事项作出决策；设置高官会或部长级理事会会议作为协调机构，是理事会发挥引领和指导作用的有效保障；根据推进共建“一带一路”的需要，设置秘书处和业务司局，作为 OSRCD 的执行机构，从事专业研究和分析工作，引领与完善“一带一路”规则体系；根据需要成立有关特设机构和外围组织，作为合作机制的补充，丰富合作机制的形式与内容，承担必要的工作职能。

2. 建议按领域设立各类专业委员会（细分领域可下设工作组），组织成员国政策制定者和从业者开展分领域的政策沟通与对话，促进利益相关者在“一带一路”国际规则方面达成共识。可参照OECD在具体领域设立专业委员会或工作组（如发展援助委员会、出口信贷工作组、环境委员会等）的模式，邀请“一带一路”沿线国家和相关国际组织加入，选取共建“一带一路”中的优先需要完善和创新的领域（如债务与融资、包容性发展、第三方市场合作等）主动设置议题，委托国内外专业研究机构开展政策和国际规则研究，定期组织参与国的政策制定者、企业和行业协会代表及公民组织开展政策对话与交流，在充分征求成员意见的基础上形成多数国家能接受的国际规则。

专业委员会和工作组的运作应秉持如下原则：①开放性。所有参与共建“一带一路”的国家和国际组织均可在任何时候按程序以成员或观察员加入或退出；②共商共建共享。所有成员可建议需要加强政策协调和规则完善的具体议题，提请委员会或工作组开展政策研究与规则磋商。中国可选取自身具有治理优势和丰富经验的领域主动设置议题，推广新发展理念，完善现有国际规则。③多边性。专业委员会致力于解决两个国家以上的政策协调与规则制定问题，从小多边逐渐演变为大多边。④持续性。专业委员会和工作组应在规则的形成以及后续的执行和评估中持续发挥协调和主导作用。成员就某项议题的国际规则达成一致后，专业委员会和工作组应开展对规则执行情况的评估，并结合实际情况对规则进行修订与完善，以更好地适应国际发展趋势，有效促进合作与共赢。

目前，可考虑在“一带一路”国际合作高峰论坛下设专业委员会和工作组，在推进“一带一路”建设工作领导小组办公室的领导下开展工作；待 OSRCD 成立后，转为 OSRCD 内设机构。

3. 应重视致力于形成“一带一路”规则体系的全球性软约束力。OECD 国际规则大部分不具备强制约束力，但其在国际上形成重大影响力和有效性的主要原因在于其形成了很强的软约束，促使成员国遵守规则或进行改革，践行其国际规则。OECD 规则有效性的核心就是通过以下几种方式形成软约束力：一是在成员国间广泛开展同行评议（Peer Review），即对一国政策表现进行系统性评估和审查，协助被评估国家改善政策制定，倒逼国内改革，自觉遵守 OECD 制定的政策、标准和规则；二是制定并发布有关法律文件和协议[①]，并明确规则的执行机制，如要求成员国定期向专门工作组报告执行情况，定期公开披露项目信息等，形成舆论与道德压力；三是利用国际平台和渠道，使合法性更强、影响力更大的国际组织（如联合国、G20）认可其规则及理念，促使后者运用 OECD 规则对国家和市场主体产生约束；四是与 100 多个国家保持经常性的政策交流合作研究等，间接影响国家的政策与法律制定。

建议在完善“一带一路”国际规则的过程中，着重以较为灵活的方式制定和落实国际规则，如出台多边规则文件（建议、宣言、备忘录等），以同行评议、报告与信息披露、多边平台施压、国家间政策交流等方式，逐渐对沿线国家政府制定采取相关政策措施造成软约束力，为“一带一路”营造良好的国际环境。

---

① 自 OECD 创立至今，一共制定了 450 个协议类文件，目前正在实施的有 248 个。这些文件共分为五类，包括具有法律硬约束力的“决定”（Decision）和“国际协定”（International Agreement）以及具有一定的软约束力的“建议”（Recommendation）、“宣言”（Declaration）和“合作备忘录”（MOU）。OECD 通过这些协议类文件实现对成员国和非成员国的约束，从而影响国际规则制定和国际治理。

4. 建立协调联络点，完善“一带一路”规则执行机制。《OECD跨国企业准则》具有独特的执行机制，即国家联络点机制（NCPs）。在OSRCD成立之前，可由推进“一带一路”建设工作领导小组办公室牵头，依托中国驻外使领馆，在“一带一路”沿线地区，选择若干投资项目较多的“一带一路”节点国家，设立“一带一路”协调联络小组，负责协调相关国际组织、东道国政府、行业协会、工会、企业等各利益相关方，通过宣传、协商、调解、斡旋等方式，负责处置涉及不当商业行为的申诉与纠纷，如劳工与环保纠纷、东道国违约失约行为等，同时加强能力建设，提升规则执行力。OSRCD成立后，则由OSRCD承担这项职能。

5. 应在完善与创新“一带一路”国际规则体系过程中加强国内各部门之间的统筹协调，做到步调一致，实现协同增效。OECD专业委员会和工作组在制定和执行国际规则时注重与其他委员会、工作组的协调和协作，在涉及跨领域议题的标准和规则时多方征求意见，防止不同政策目标互相掣肘，兼顾经济、环境、社会效益。例如，OECD绿色增长战略中建议增加发展融资对气候变化适应和降低自然灾害的支持，使绿色增长和发展合作更好融合；在官方支持的出口信贷规则中强调对项目进行程序严格的环境与社会尽职调查。“一带一路”建设从“大写意”到“工笔画”，应在完善“一带一路”国际规则体系过程中，一方面，注重同一领域不同主体在规则制定和执行中的统筹协调和行动一致；另一方面，应逐步实现不同领域规则交叉内容的目标一致、标准一致、效果一致。

执笔人：冯　巍　王莹月

参考文献

[1] 黄梅波，朱丹丹．主权债务的国际规则研究．厦门：厦门大学出版社，2017

[2] 李丽平，高颖楠，姜欢欢．利用经合组织发展中心平台推动环境发展进程．中国环境报，2015 - 07 - 14（2）

[3] 李维安等．绿色治理准则与国际规则比较．北京：科学出版社，2018.

[4] 李维明，高世楫．基于经合组织分析框架的全球绿色增长进程比较．重庆理工大学学报（社会科学），2018（11）

[5] 刘辉群，卢进勇．国际投资规则的演变与中国企业“走出去”战略．厦门：厦门大学出版社，2016

[6] 潘忠岐等．中国与国际规则的制定．上海：上海人民出版社，2017

[7] 张久琴．OECD《跨国企业准则》执行机制分析．WTO 经济导刊，2017（1）

[8] 周思琍，毛小菁．TOSSD：国际发展融资统计新趋势．国际经济合作，2018（8）

[9] “Annual Report of the OECD Working Group on Bribery 2014”，OECD Working Group on Bribery，http：//www. oecd. org/daf/anti-bribery/WGB-AB-AnnRep-2014-EN. pdf

[10] “Convention on Combating Bribery of Foreign Public Officials in International Business Transactions”，OECD/LEGAL/0293，https：//legalinstruments. oecd. org/en/instruments/OECD-LEGAL-0293

[11] “Convention on Combating Bribery of Foreign Public Officials in International Business Transactions：Country Contact Points for International Co-operation”，http：//www. oecd. org/daf/anti-bribery/OECD-WGB-Country-Contact-Points-International-Cooperation-July - 2018. pdf

[12] “Country programmable aid（CPA）”，OECD 官方网站，https：//www. oecd. org/dac/financing-sustainable-development/development-finance-standards/cpa. htm

[13] “Development Finance Standards”，OECD 官方网站，https：//www. oecd. org/dac/financing-sustainable-development/development-finance-standards/

[14] “Executive Summary”，in Towards Green Growth?：Tracking Progress，OECD Publishing，https：//www. oecd-ilibrary. org/environment/towards-green-growth_ 9789264234437-en

[15] “Export credits work at the OECD ”，OECD 官方网站，http：//www. oecd. org/trade/topics/export-credits/

[16] “Fighting the Crime of Foreign Bribery”，The Anti-Bribery Convention and the OECD Working Group on Bribery，http：//www. oecd. org/daf/anti-bribery/Fighting-the-crime-of-foreign-bribery. pdf

[17] “Financing terms and conditions”，OECD 官方网站，http：//www. oecd. org/trade/topics/export-credits/arrangement-and-sector-understandings/financing-terms-and-conditions/

[18] “How are remittances defined and what do they include?”，OECD 官方网站，http：//www. oecd. org/dac/stats/beyond-oda-remittances-and-development-definition. htm

[19] “Modernisation of the DAC statistical system”，OECD 官方网站，http：//www. oecd. org/dac/financing-sustainable-development/development-finance-standards/modernisation-dac-statistical-system. htm

[20] Scott，S.，2015，“The accidental birth of ‘official development assistance’”，OECD Development Co-operation Working Papers，No. 24，OECD Publishing.

[21] “OECD Guidelines for Multinational Enterprises 2011 Edition（Chinese version）”，OECD Publish-

ing, http://dx. doi. org/10. 1787/9789264204881-zh

[22] OECD, 2011, Towards Green Growth, http://www. oecd. org/greengrowth/48012345. pdf

[23] “Official Development Assistance (ODA)”, OECD 官方网站, https://www. oecd. org/dac/financing-sustainable-development/development-finance-standards/official-development-assistance. htm

[24] “Revised DAC Recommendation on Untying ODA”, OECD Development Cooperation Directorate and Development Assistance Committee, https://one. oecd. org/document/DCD/DAC (2018) 33/FINAL/en/pdf

[25] “Untied Aid”, OECD 官方网站, http://www. oecd. org/dac/financing-sustainable-development/development-finance-standards/untied-aid. htm

专题报告三

世界贸易组织对“一带一路”国际规则的启示

世界贸易组织（World Trade Organization，WTO）是一个负责监督成员经济体之间各种贸易协议的国际组织，目的在于通过降低关税、减少贸易壁垒来建立简化、统一的国际贸易自由化平台。从关税与贸易总协定（General Agreement on Tariffs and Trade，GATT）算起，WTO 已有 70 多年的历史，它有 164 个正式成员，22 个正在谈判中的成员，代表了全球 98% 的贸易量。随着全球经济一体化的深入发展，世贸组织在调解纠纷、形成规则方面发挥着积极作用。作为制定和实施全球贸易规则的最权威的国际组织，WTO 在全球经济治理中扮演不可或缺的角色。

本文通过梳理 WTO 的发展历程，分析 WTO 的组织框架和重要原则、规则体系、违约惩罚机制，并对相关规则的普适性、强制性、精准性和授权性作出评价，最后分析 WTO 面临的改革发展困境，尝试为“一带一路”国际规则的制定和实施提出政策建议。

一、WTO 的成立背景和发展历程

WTO 成立于 1995 年 1 月 1 日，其前身是 1948 年成立的 GATT。

GATT 是一个政府间缔结的有关关税和贸易规则的多边国际协定，旨在消除国际贸易中的相互限制。GATT 作为一个“临时使用”的国际协定，共举行了 8 个回合的贸易谈判。在第八轮乌拉圭回合谈判时，各成员决定成立一个在法律上具备国际组织独立法人地位的机构来取代关贸总协定，经 104 个参加方政府代表签署，WTO 正式成立。

WTO 成立至今举行了 11 届部长级会议。1996 年 12 月于新加坡举行了首次部长级会议，会议在原有议题基础上加入了贸易与投资的关系、贸易与竞争政策的相互作用、政府采购透明度及贸易便利化 4 个议题，统称“新加坡议题”。因议题对于发展中国家较为敏感且不公，遭到了大部分发展中国家成员的反对。但是 WTO 仍将“新加坡议题”加入到了多哈回合贸易谈判议程中。

多哈回合贸易谈判以发展中国家的利益及发展需要为核心关怀，因此称“多哈发展议程”。谈判主要涉及三方面问题：一是规则制定和修改；二是发展中国家社会经济可持续发展；三是市场准入。多哈回合贸易谈判启动于 2001 年 11 月第四次部长级会议，计划于 2005 年完成谈判。2003 年谈判因农业谈判模式等分歧陷入僵局，2007 年以非正式贸易谈判委员会形式恢复的多哈贸易谈判仍未达成共识。尽管在各种形式的会议上仍然持续开展，多哈回合谈判实际上自 2008 年以来，已陷入“瓶颈”并基本停滞。直到 2013 年“巴厘一揽子协定”的达成，打破了多边的多哈回合谈判僵局。2017 年《贸易便利化协定》正式生效，成为 WTO 成立 20 年来首个多边货物贸易协定，同时也是多哈回合谈判启动以来取得的最重要成果。然而，《协定》并没有就包括农业补贴在内的核心议题取得实质性成果，多哈回合谈判的未来仍难以预测。2019 年 12 月，WTO 争端解决机制由于上诉机构法官不足三位而陷入瘫痪，WTO 面临成立以来最大危机。

二、WTO 的组织架构和法律框架

（一）WTO 的组织架构

作为国际组织，WTO 拥有完善的组织架构（见图 1）。WTO 的最高决策机构是部长级会议，通常每两年召开一次，经一致同意做出决议，每个成员享有一票。部长级会议负责讨论和决定涉及 WTO 职能的所有重要问题，包括 WTO 总干事的任命、确定 WTO 秘书处工作人员的职责和任职条件以及所有有关多边贸易协议的问题。部长级会议下设总理事会，理事通常是由驻日内瓦的各国大使或代表团团长，或成员政府派遣的官员担任。总理事会负有执行部长级会议决议、贯彻落实 WTO 组织协定和多边贸易协定、提供多边贸易协议的执行框架，以及提供谈判论坛、通过预算和其他财政事项的责任，也在部长大会的两次会议期间执行部长大会的职能，同时，总理事会还作为贸易政策审查机构和争端解决机构而开展工作。总理事会下设三个独立理事会，分别是货物理事会、服务理事会和知识产权理事会（见图 1）。三个独立理事会需要接受总理事会的监督。此外，WTO 还有许多专门委员会和工作组，来处理各有关协议谈判和执行事项。WTO 的委员会和工作组可分为两类：一类隶属于总理事会，与理事会平级，但是管理范围略小于理事会。主要包括贸易与环境委员会、贸易与发展委员会和国际收支平衡委员会。另一类隶属于理事会，负责处理具体议题，如货物贸易理事会下设的专门理事会涉及市场准入、农业、卫生和植物检验检疫、科技壁垒、反倾销、原产地原则等。服务贸易下设金融服务贸易专门委员会，以及国内管理和服务贸易总协定规则两个工作组。和委员会一样，工作组也分为两类：隶属于总理事会的和隶属于理事会的。如贸易、贷款和财政工作组隶属于总理事会，而国营贸易企业工作组则隶属于货物贸易理事会，比前者低一级。而且，有的工作组属临时性质，待任务完成后解散。

WTO秘书处负责WTO日常事务的有序进行，不参与决策。秘书处工作人员属于国际公职人员，不受国籍影响，不接受WTO外的任何机构的指挥。秘书处的职责包括为各个理事会/委员会和部长级会议提供技术支持；为发展中经济体提供技术援助；分析世界贸易并向公众和媒体解释WTO的活动；在争端解决过程中提供法律援助，并为希望成为WTO成员的国家政府提供咨询。

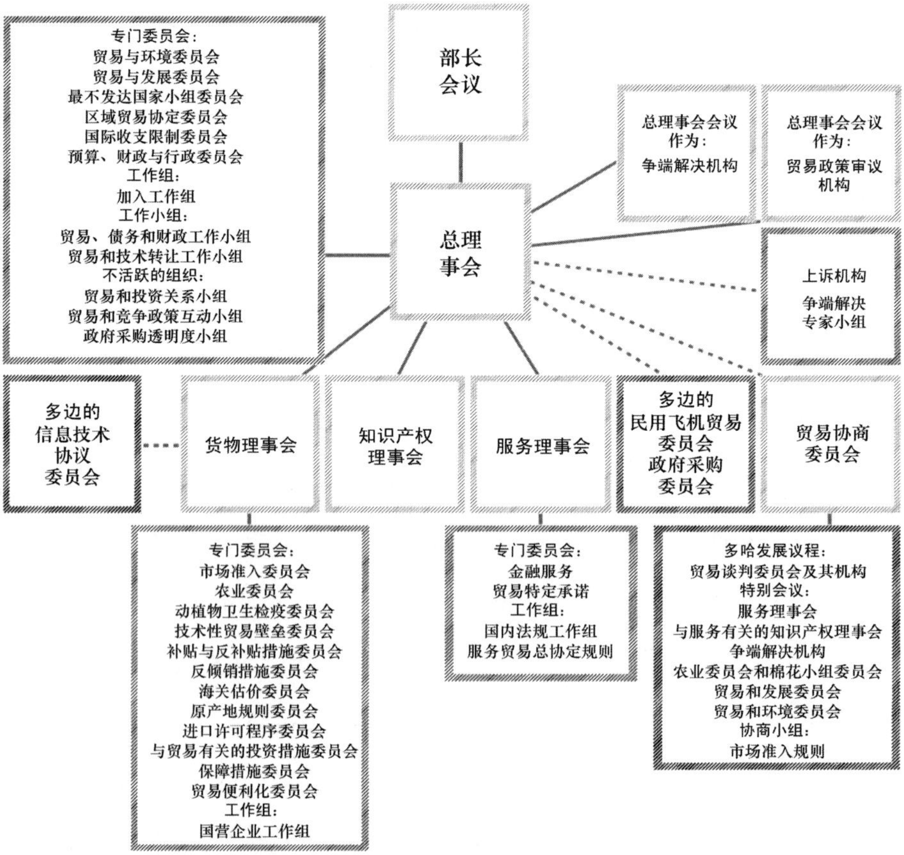

图1 WTO的组织架构

（二）WTO 的法律框架和基本原则

WTO 的法律框架是由《建立世界贸易组织的马拉喀什协议》及其 4 个附件构建而成。附件一包括《货物贸易多边协定》《服务贸易总协定》和《与贸易有关的知识产权协定》；附件二为《关于争端解决规则与程序的谅解》；附件三为《贸易政策审议机制》；附件四是诸边协议。WTO 各协议共同构成了 WTO 基本原则的渊源，规定了贸易自由化的基本原则及可允许的例外和保障措施。

自成立起，WTO 所有的协定和文件始终贯穿着五个根本性原则。

一是贸易非歧视原则，即 WTO 所有成员之间要公平对待、一视同仁。具体来说，非歧视原则主要包含两层意思：最惠国待遇和国民待遇。最惠国待遇就是平等地对待各成员。如果某一 WTO 成员给予另一 WTO 成员某项优惠待遇，则必须也给予其他 WTO 成员同样的待遇。国民待遇原则要求 WTO 成员在境内市场上要平等地对待其他成员产品和本地产品，即在其他成员产品、服务、知识产权入境后，其应享受不低于本地产品所受的待遇。

二是贸易自由化原则，即通过谈判逐渐减少包括进口关税、配额、限额等贸易障碍，促进成员间相互开放市场，逐步走向贸易自由化。

三是贸易可预见性原则，即承诺接受贸易政策的约束，遵循透明度原则。所谓的透明度原则就是各成员要向其他成员及时公开本地与贸易相关的政策、体制和法规。这是 WTO 成员间进行公平贸易和投资的基础条件。

四是公平竞争原则，即 WTO 努力限制各成员采用倾销或补贴等不公平的贸易手段来进行不公平的贸易竞争。一旦出现违反或超越 WTO 协议规定的不公平贸易情况，WTO 允许受害方根据 WTO 条款采取相应的反倾销措施或反补贴措施进行补救，保证一个更加公平和竞争性更强的多边贸易体制。

五是鼓励发展和经济改革的原则。WTO 所进行的一系列贸易谈判活动，都是围绕促进经济发展这一根本性的理念展开的。而经济改革是促进经济发展的一种重要方式。据此，WTO 允许为发展中国家提供特别援助，给予发展中国家优惠和差别待遇，并向经济转轨国家提供特别支持，以帮助发展中国家和经济转轨国家进行经济改革和发展本国经济。

此外，鉴于各成员经济发展水平不同，WTO 原则含有“一般例外”条款。“一般例外”可以分成四类：最惠国待遇和国民待遇的例外、市场准入的例外、一般和特殊的例外、发展中国家的例外。其中，“最惠国待遇原则”的例外包括三个方面：一是与保障基本安全利益或人民和动植物的生命与健康有关的措施，以及为保护具有艺术、历史或考古价值的文物而采取的措施；二是发达成员给予发展中成员的特惠待遇，其他发达成员不能享受；三是在关税同盟或自贸区内部成员之间互相提供的优惠，非成员不能享受。“一般例外”条款作为各成员维护经济安全而选择背离义务的“免责”通道，近 20 年来被各成员多次援用。首先“透明度原则”也不要求公布那些一旦公布就会对公共利益造成损害的规章和政策措施。其次，如果间隔期会妨碍实施有关法规和政策措施的话，那么透明度原则也不要求在该法规和政策措施的公布与施行之间设置一个间隔期。最后，透明度原则不要求公布有损于企业和公司正当商业利益的机密资料。

三、WTO 的主要规则

20 余年的发展历程使 WTO 形成了以基本原则为核心的规则体系

和运行机制。本文将从加入规则、谈判规则、争端解决规则、贸易审议规则四方面进行阐述。

（一）加入规则——“WTO 国家特定规则”

WTO 允许通过缔结加入议定书的方式完成。议定书中包含大量“WTO 国家特定规则”作为入世承诺。目前，通过谈判确立“WTO 国家特定规则”已成为习惯性做法。但是，WTO 中各加入方的承诺范围和内容存在差别。部分国家的特定规则超出 WTO 协议义务，被称为“超 WTO 条款”。有些则需要加入国家放弃它基于 WTO 协议的权利，如特殊的反倾销、反补贴、保障措施的条款等与 WTO 基本原则相悖条款，是为“负 WTO 条款”。

“WTO 国家特定规则”的谈判是在加入国政府与另一已加入成员之间进行的，WTO 平台上地位不对称。而且 WTO 对规则制定缺乏指导原则和制度控制，加入国的国家特定规则受制于国内利益和议价能力。这不仅有损 WTO 法律制度的完整性，还会因为其导致成员之间不平等的事实。另外，WTO 的所有国家特定规则均适用于强制性争端解决机制，在世贸组织司法机构完全支持无条件制定国家特殊规则的前提下，不公平现象可能会根深蒂固。

（二）谈判规则

WTO 的谈判形式多样，既包括在全体成员之间开展的多边谈判，也包括由少数成员参加的诸边谈判；既有多议题的回合制谈判，也有具体议题的回合外谈判。WTO 以成员驱动、协商一致决策为基本谈判原则。“成员驱动”是相对管理层驱动而言，这是 WTO 与世界银行和国际货币基金组织不同的地方。对于 WTO 而言，其总干事及秘书处没有发起谈判、提出提案的权利。谈判由成员发起并推动，自下而上听取各方意见。在谈判的组织形式层面，WTO 谈判机制的特点是非正式、同心圆与集团化；这种正式会议与非正式磋商相结合的谈判机制在 WTO 中被形象地描述为同心圆。同心圆的最外层是 WTO 全体成员和正式会议，向内即演变为非正式磋商，随着圆形范围的不断缩小，参与方范围也逐渐缩小，同心圆中最核心的两层分别是绿屋会议和核心方会议。

但是，作为专业贸易谈判平台，WTO 却缺乏明确的多边贸易谈判制度。其在长期实践中形成了“一揽子承诺”“绿屋会议”“主要供应国原则”等谈判规则。“一揽子承诺”包含两层含义：一是协议达成的同时性，二是协议本身的不可分割性。“绿屋会议”则是非正式磋商机制，旨在避免成员间矛盾错综复杂导致多边贸易谈判陷入僵局。“主要供应国原则”是指谈判双方就某项产品进行谈判时候，给予该产品前三位供应国申请关税谈判的权利。然而，这些谈判规则对发展中成员的权益造成了相当程度的损害。“一揽子承诺”下发展中成员被迫做出较大让步；“绿屋会议”和“主要供应国原则”下，发展中成员则容易直接被边缘化。

（三）争端解决规则

争端解决机制是 WTO 制度中最核心、最独特的机制设计，旨在解决成员之间关于执行 WTO 涵盖协议的争议。WTO 争端解决机制被认为是世界范围内的一种准司法化国际政府间争端解决机制，保证着 WTO 的权威性和有效运转。WTO 根据《关于争端解决规则与程序的谅解》（DSU）设有专门的争端解决机构（DSB），是争端解决的“最高权力机构”。

WTO 关于争端的定义是违反承诺，即当一个成员采取其他世贸组织成员认为违反世贸协议或未履行义务的行为时，就构成争端。WTO 一致认可采取多边解决争端的方式处理贸易争端的做法，接受商定的贸易争端解决程序并尊重裁决。关贸总协定下也存在解决争端的程序，但是因为没有固定的时间表而导致裁决很容易被阻止，造成许多案件长期拖延。乌拉圭回合协议引入了更加结构化的程序，规定了解决争端应遵循的程序和时间表。

WTO 的争端解决机制大致可分为 6 个步骤：

第一步是磋商。DSU 规定，争议各方首先必须要通过磋商解决争议。即一成员应向另一成员发出磋商请求，若对方未在收到磋商请求之日起 10 日内进行答复，或在 30 日内或双方商定的时间内未进行磋商，或在 60 日内磋商未能解决争端，发起方可请求设立专家组。在紧急案件中时间有所不同。例如，2004 年 3 月 18 日，美国根据 DSU 的规定，就中国集成电路增值税政策问题，向中国提出磋商请求。美国在其磋商请求中，称中国的集成电路增值税退税政策违反了 WTO 的国民待遇原则和最惠国待遇原则。这个案件成为中国在 WTO 的第一起被诉案件。中美双方经过 4 轮磋商，于 7 月 14 日达成谅解，宣布此案通过磋商解决。

第二步是斡旋和调停。此非必经程序，可以根据争端双方共同意愿随时开始和终止。争端双方均可发出斡旋、调解或调停请求。若此举在收到磋商请求 60 天内，则起诉方在请求设立专家组之前，应给予对方 60 天时间。如果争端各方共同认为斡旋或调停未能解决问题，则起诉方可在 60 日后要求设立专家组解决争端。

第三步是设立专家组审理。专家组一般由 3 名资深政府或非政府人员组成（经争端方同意可以是 5 名成员，若其中一方成员为发展中国家，则应至少有1名来自发展中国家的专家）。在充分衡量双方的书面和口头辩驳后，专家组应当在审议中期向各方提交裁决报告。自专家组成立到提交报告一般是6个月时间，可以延长但不得超过9个月。若争端各方对报告无异议，则该裁决报告自动成为最终报告。如果争端当事一方对报告存异议，则进入上诉机构审理步骤。

第四步是上诉机构审理。上诉机构是常设机构，无权发回重审，但上诉机构可维持、修改或撤销专家组的调查结果和裁决报告。诉讼程序不能超过90天。根据DSU第17条的规定，上诉机构常设7名法官，每项裁决最少由3名法官作出，法官任期4年，可连任一次；遇有上诉机构成员空缺时，由所有世贸组织成员组成的争端解决机构，通过协商一致的方式及时任命新成员。

第五步是通过裁决报告。在合理期限到期后20天内，只要不是所有争端参与方协商一致反对，则视为DSB通过了专家小组或上诉机构的报告（此处适用“否定性协商一致原则”），当事各方应予执行。

第六步是执行裁决。在报告通过的30天内，争端方应告知DSB其执行裁决的意愿和具体措施及期限。若不能立即执行，也可以要求在一段“合理期限”内执行。如果被诉方未在“合理期限”内执行，或争端各方没有就补偿达成一致，申诉方可请求DSB授权其对被诉方进行报复或交叉报复（DSU制定了报复和交叉报复的程序）。如申请对被诉方中止依照所适用协议应承担的减让或其他义务，取消给予最惠国待遇等。DSB应在“合理期限”满后30天内批准授权。若被诉方对上诉方的报复措施表示反对，或认为上诉方在要求报复中未遵守有关原则和程序，则可以提请最终仲裁，仲裁应在合理宽限期结束前60天内完成（见图2）。

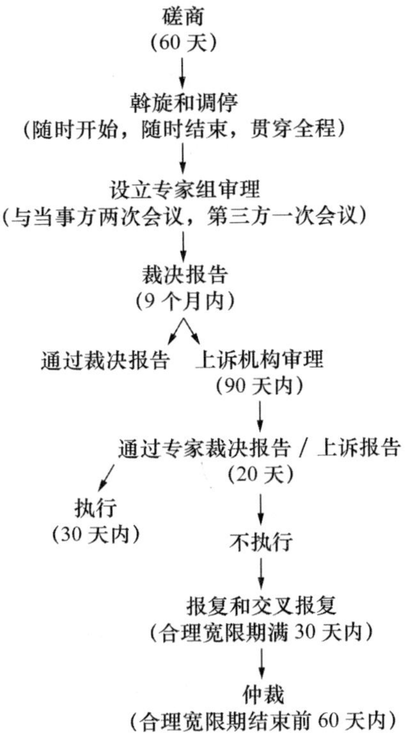

图 2　争端解决程序

WTO 争端解决机制是综合性争端解决机制，是成员在国际贸易争议处理中必须遵从的国际法律实体和程序，具有外交和司法双重属性。争端解决机制为申诉方提供三种救济：终止违法行为、补偿、中止关税减让或者其他义务。WTO 争端解决机制具有明显特征，一是争端解决机制协调统一；DSB 是成立专家组、通过专家组报告或上诉审议报告、负责监督裁决和建议的执行机构，并且有权在裁决得不到执行时授权申诉方采取报复措施。二是鼓励成员通过磋商解决贸易争端。DSU 争端当事方的磋商是首要的必要程序，即便争端进入之后的程序时，当事方仍可通过磋商解决争端。三是遵守 WTO 规则，避免采取单方面行动。DSU 禁止在未经过多边贸易体制的争端解决机制裁决之前，成员自行采取单边报复性措施。只有经过 DSU 授权，利益受损方成员方可进行报复。四是“否定性协商一致”的决策原则。为了保证争端解决的顺利推进，DSU 规定只有在争议相关方一致反对的情况下，才能撤销有关成立专家组或通过专家组报告的决定。这一举措确立了 DSB 对成员之间贸易争端案件的强制管辖权，其目的是进一步强化 DSB 在维护各成员之间正常贸易秩序中的作用。同样，DSB 严格规定争端解决的程序和时限，设立常设上诉机构，并引入交叉报复，也是为了保证争端解决的公平性和及时性，提高 WTO 争端解决机制的效力，增强成员对争议解决机制的信心。

自 1995 年成立至 2020 年 1 月 31 日，WTO 共受理了 594 例贸易争端案件，发布了 350 多项裁决书。其中，有 51 个成员至少发起了一次诉讼，60 个成员至少一次成为被诉方，还有 88 个成员作为第三方参加了两个或多个其他 WTO 成员间的诉讼。总之，无论是作为当事方，还是第三方，至少有 109 个成员参与争端解决过程。每年 WTO 成员至少提出 8 项磋商请求，最多高达 50 件（见图 3），远远领先于其他全球性争端解决机构，其争端解决机制成为当前国际贸易裁决中最有影响的机制。裁决报告一经 DSB 通过，报告所作裁决便对争端各方正式发生法律效力，意味着争端各方应当迅速遵守裁决。有学者认为，囿于争端各方力量对比悬殊、胜诉方贸易报复、败诉方政治体制和利益集团博弈等因素，WTO 成员即使获得于己不利的裁决，也愿意主动及时遵守执行。

但是，主要以所谓“否定性协商一致方式”进行决策的 WTO 争端解决机制，却在争端解决方面取得了富有成效的法律发展。而且，正由于在“立法”决策上的难度造成 WTO 争端解决的实践处于一种“超然”的地位，围绕 WTO 争端解决机制所谓“司法能动主义”或

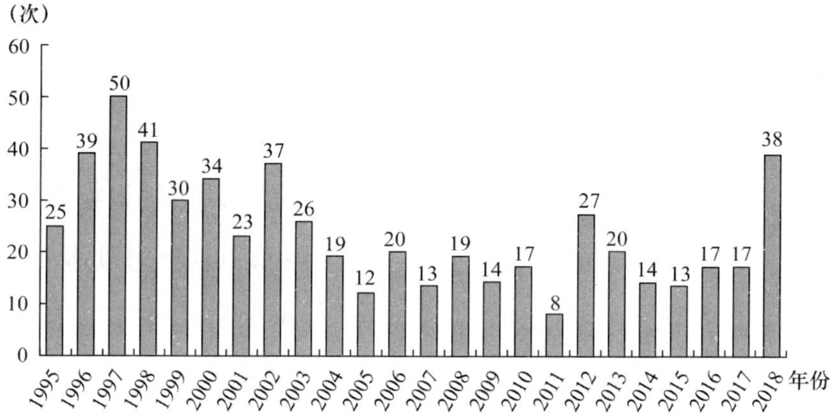

图 3　WTO 成员发起磋商请求的次数（1995—2018 年）

资料来源：WTO 官网。

“司法造法”的争议日盛。此外，WTO 争端解决机制还存在程序与贸易报复机制不足，以及表决机制与上诉复议机制不足等问题。

（四）贸易政策审议规则

贸易政策审议机制（Trade Policy Review Mechanism，TPRM）是世贸组织的基本职能之一，其目的是监督各成员的贸易政策与世贸组织规则及其入世承诺的一致性，加强其他成员对审议成员贸易政策的理解，同时敦促和鼓励各成员遵守世贸组织规则。贸易政策审议是乌拉圭回合协定的一部分，启动于 1989 年 GATT 框架下。WTO 成立后，审议的范围也由货物贸易政策拓展到服务贸易政策和知识产权领域。

世贸组织总理事会兼任贸易政策审理机构，负责对各个成员的贸易政策进行审议，所有成员的贸易政策和措施需要定期受到审议。审议周期根据其所占世界贸易份额的大小确定。按政策审议规则要求，2019 年起前四大贸易成员需 3 年接受一次审议，贸易份额居第五至第二十位的 16 个成员需 5 年进行一次审议，其他成员需 7 年进行一次审议，最不发达成员可有更长时间的审议周期。

WTO秘书处是贸易政策审议事务的具体负责机构。接受审议的成员必须在当年向秘书处贸易政策审议部门提交贸易政策和措施的详尽报告，一般为《贸易政策审议政府声明》。审议部门则根据其掌握的资料和相关成员提供的资料编写成《贸易政策审议秘书处报告》。世贸组织各成员收到上述报告后可对其进行书面提问并反馈给世贸组织，形成《贸易政策审议回复》。审议会议结束后产生《贸易政策审议会议记录概要》，与前述报告一并印刷出版并提交部长会议。审议会议由贸易政策审议机构主持，审议成员及相关成员均可出席。其他成员有针对性地提出质询、批评和表扬。审议成员的贸易代表则需要就各方提问进行答辩。贸易政策审议机制是世贸组织的“体检中心”，规定了对各成员的贸易政策和措施进行定期检查的审议程序，对维护多边贸易体制、预防和减少贸易争端、改善国际贸易环境发挥重要作用。

四、对WTO相关规则的评价

本文将WTO相关规则分为五类，分别是：贸易自由化等五项原则性规则、WTO国家特定规则、谈判规则、争端解决规则和贸易政策审议规则。下表以普适性、强制性、精准性和授权性为标准对WTO有关规则进行评估（见表1）。

从表1可以看出，相对于其他国际组织或国际规则，作为规范国家之间贸易关系的国际协定，WTO无疑是国际“软”法中相对有强制性的一类。

表 1　　WTO 规则评价表

指标	普适性（Generality）	强制性（Obligation/Binding）	精准性（Precision）	授权性（Delegation）
指标内涵	规则是否普遍适用	规则是否必须服从和具有法律约束力	规则是否清晰且准确地界定所要求、授权和禁止的对象	规则是否有第三方主体被授权来履行、解释、解决冲突
分类	大多边、小多边、双边	具有法律约束力的义务 VS 无需强制执行的倡议	精准的、具有执行效力的规则 VS 表述含糊的规则	国际组织或法律机构作为独立第三方 VS 协调
贸易自由化等五原则	较强 WTO 有 164 个正式成员，每个成员都对 WTO 贸易政策的根本规则达成共识	较强 WTO 所有的协定和文件均始终贯穿五个原则，如果一个成员认为另一成员违反了这些规则，就可以在 WTO 提起上诉。具有较强的法律约束力	较强 WTO 对每一个贸易原则都有较为详细的阐释，较为清晰和准确地界定了违反规则的情形	较强 WTO 本身有争端解决机构，用以解释和解决冲突
WTO 国家特定规则	较强 WTO 允许通过缔结加入议定书的方式完成。因加入国的承诺范围和内容各不相同，WTO 各加入国的国家特定规则也迥异	较强 加入国必须缔结加入议定书，并接受 WTO 相关机构的审议，具备较强的法律约束力	较强 WTO 各加入国的国家特定规则不同，WTO 审议机构会定期审查新加入国的承诺履行情况，敦促成员必须执行	较强 确立国家特定规则的加入谈判是在加入国政府与另一已加入成员之间进行的，已加入成员可以通过 WTO 机构共同审议决定是否同意
谈判规则	较强 WTO 谈判原则是成员驱动、协商一致决策。谈判由成员发起并推动，自下而上听取各方意见	较强 WTO 谈判是解决贸易问题、梳理贸易规则的过程，一般会得到每个成员的承认和遵守	较强 WTO 缺乏明确多边贸易谈判制度，实践中形成了并长期遵循着“一揽子承诺”“绿屋会议”“主要供应国原则”等谈判规则	较强 WTO 作为一个专门充当贸易谈判论坛的组织平台而存在

续表

指标	普适性（Generality）	强制性（Obligation/Binding）	精准性（Precision）	授权性（Delegation）
争端解决规则	较强 争端解决规则适用于每一个成员，每个成员均可以作为申诉方，也可以成为被诉方或第三方参与争端解决过程。至少有 109 个成员参与到争端解决过程	较强 WTO 设立争端解决机构（DSB），规定争端解决的具体程序和明确时限。常设上诉机制和专门的执行监督机构，对违约方实施报告中建议的情况进行持续监督。其裁决具有法律效力	较强 WTO 的争端解决规则清晰地界定了所要解决的问题和涉及的对象。而且，针对“涉案措施是否符合相关协定”这一问题专家组和上诉机构的裁决报告中均有详尽的法律解释和充分的法律论证	较强 WTO 设立争端解决机构（DSB），是争端解决的“最高权力机构”
贸易政策审议规则	较强 贸易政策审议是世贸组织的基本职能，所有成员的贸易政策和措施需要定期受到审议	适中 贸易政策审议机制是 WTO 的一项监督机制，WTO 有专门的审议规则。总理事会负责对各成员的贸易政策进行审议。该规则不具有法律约束力，但是所有成员必须定期接受审议	较强 不同成员有不同的审议周期，周期长短根据其所占世界贸易份额大小而确定	较强 总理事会负责对各成员的贸易政策进行审议。一般由秘书处根据特别规则和程序开展工作

资料来源：作者自制。

一方面，绝大多数成员都遵守 WTO 协定所确立的规则。WTO 协定是一个“一揽子协定”，广泛而深入地调整 WTO 成员之间的货物贸易关系、服务贸易关系以及与贸易有关的知识产权事宜。根据 WTO 协定第 18.4 条以及其他规定，WTO 成员必须保证其法律、法规和行政程序符合“一揽子协定”要求。例如，中国曾在入世前后大规模清理相关法律法规，其中中央政府共清理法律法规和部门规章 2300 多件，地方政府共清理地方性政策和法规19万多件。

另一方面，WTO设立了强有力的争端解决机制。通过磋商、专家组审查、上诉审查和执行等一整套机制的科学设计，包括裁决报告的“否定性协商一致”通过规则，以及裁决未获执行时胜诉方享有报复权利等，违反WTO规则的行为基本都得到了纠正。无论国家发展程度如何，都遵守了WTO争端解决机制的最终裁决。例如，WTO受理的首个上诉案是巴西和委内瑞拉诉美精炼汽油和常规汽油标准案（DS2），两国认为美国违反了国民待遇原则，而且也没有理由因健康和环保原因获得对WTO原则的例外。WTO裁决美国败诉，美国也遵守裁决进行修改。此外，美国也因中国诉美国钢铁保障措施案（DS252）、中国诉美国禽肉案（DS392）等修改相关条例。同样，中国也非常认真严肃地对待被诉案件，2006年在欧盟、美国、加拿大诉中国汽车零部件案（DS339/340/342）中，WTO判定中国败诉，2009年8月15日，工信部、发改委共同发布通知，停止实施《汽车产业发展政策》中涉及汽车零部件进口的相关条款。8月28日，海关总署和相关机构共同发布了撤销《构成整车特征的汽车零部件进口管理办法》（第125号法令）的通知。2009年9月1日两项政策生效。在美国诉中国知识产权保护与执行案（DS362）及欧、美、加诉中国金融信息服务案（DS372/373/378）等案件审理后，中国也通过修改法律条例、与起诉方达成协议等方式遵守WTO的裁决。

五、WTO规则面临的挑战

尽管乌拉圭回合实现了从GATT这一制度安排到WTO这一国际组织的转型，但多边贸易体制在经济全球化背景下仍面临着新的问题。

随着 WTO 总干事罗伯特·阿泽维多（Roberto Azevedo）在任期结束前一年提前辞职，而美方单方面拒绝支持世贸组织总干事遴选“三人小组”提交的推荐名单，WTO 陷入领导人缺位的窘境，给多边贸易体制带来巨大冲击。此外，世界市场发生深刻变化，数字技术的迅速发展和运输效率的提升导致了国际生产网络在形态、方向和性质上的变革。全球价值链已经并将继续成为最重要的生产、信息、创造和服务的国际网络。随之而来的是贸易和投资以及其他国际经贸因素之间关系的变化，需要新的有效合作及规则框架。与二十国集团峰会、亚太经合组织、世界银行以及国际货币基金组织等及时跟进相比，WTO 规则现有的包容性和联动性略显滞后，WTO 及其所代表的基于规则的多边贸易体系正深陷困境。

上诉机构陷入停摆。美国以争端解决机制需要提高透明度、上诉机构“越权”裁决、无视 WTO 成员制定的规则等为由，拒绝继续任命上诉机构成员，导致该机构只剩下 1 名中国籍法官赵宏，无法正常运转。WTO 仲裁机制为双轨制，第一层为专家组，第二层为上诉机构，若上诉机构瘫痪，则大部分的 WTO 上诉案件将变成死循环：通常败诉方都会选择对专家组的报告提出上诉，而在上诉机构瘫痪的情况下，该申诉将永远无法得到终审，败诉一方也可以随意否决专家组报告，而不受任何约束。在新西兰大使、常驻 WTO 代表戴维·沃克（David Walker）带领下，WTO 成员已努力对美国关切作出回应，但特朗普政府仍拒绝对上诉机构妥协。来自美国的 WTO 副总干事沃尔夫指出，美国对上诉机构成员选任的阻挠使 WTO 成员间每起贸易争议均可能演化成“小型贸易战”，世贸组织面临成立以来最大规则危机。

针对美方关切，欧盟已经牵头将 DSU 第 25 条中的一般仲裁机制作为上诉机构替代方案的基础，设立《多方临时上诉机构安排》（MPIA），MPIA 仅适用于加入的当事方，同时欢迎其他 WTO 成员随时加入。MPIA 设立了一个由 10 名仲裁员组成的仲裁员库，负责审理针对 WTO 专家组报告提出的上诉案件。与原上诉机构一样，由 3 名仲裁员负责审理一项上诉案件。临时方案还有与上诉机构类似的合议机制。目前，仲裁员库已经选定人员。值得注意的一点是，MPIA 的裁决将会通知 WTO 争端解决机构，但不会被正式采用。尽管如此，裁决仍将对当事方具有约束力，因为 MPIA 声明：“当事各方同意遵守仲裁决定，该裁决为终局裁决。”这对于 MPIA 裁决在先例价值方面的影响尚不确定，其上诉程序的使用频率和有效性同样存在不确定性。

此外，发展中成员特别是最不发达成员参与多边贸易体制面临很多困难，并未能公平分享全球贸易发展的利益；就业、环境、食物价格等因素在贸易全球治理进程中的地位更加显现，各种“贸易关联问题”广泛涉及 WTO 规则与其他国际法则之间的关系，以及一些内在不合理的规则设计。总之，由于贸易投资政策的急剧变化、WTO 谈判功能面临同质竞争、大型区域贸易协定和自贸协定的冲击、其他国际会议论坛和组织在相重叠领域的竞争，多边贸易体制面临着日益深刻的宪法危机。

六、对“一带一路”国际规则的启示

统一有效的规则体系是“一带一路”建设顺利进行的制度保障，而 WTO 所涵盖的规则体系可为“一带一路”规则构建提供重要借鉴。“一带一路”应重视对行之有效的 WTO 规则体系的传承、吸纳，对目前处于改革争端点和运行困境中心的规则进行一定程度的革新和完善。

第一，“一带一路”规则形成过程中，应以学习、合作和融合的态度与WTO相关规则进行对接。“一带一路”沿线国家基本都是WTO成员，而中国又是WTO的核心成员。“一带一路”愿景与WTO宗旨交汇重合，为中国与沿线国家形成规则共识打下了基础。WTO建立后，成员通过履行WTO规则，促进了国内经济的转型和国内法规的改革，市场准入得到显著改善，市场经济体制有长足进步，协商行为成为常态，有利于成员务实地解决争端。WTO规则实施效果为“一带一路”沿线国家加强政府间沟通，构建宏观政策沟通交流机制，深化利益融合，促进政治互信，达成合作新共识，共同制定推进区域合作的规划和措施，协商解决问题，提供了以规则为基础的政策沟通途径。

第二，“一带一路”贸易畅通规则的构建应借鉴WTO相关协议。在“一带一路”建设中，经贸合作是重要基础，要把行之有效的国际经贸规则放在借鉴首位。而最有资格成为“一带一路”规则借鉴对象的国际经贸规则就是WTO规则体系。WTO负责实施管理的货物、服务、与贸易有关的投资措施协定与协议将近30个，为“一带一路”贸易畅通提供了整体规则的框架。在共建“一带一路”的过程中，诸如《服务贸易总协定》《与贸易有关的知识产权协定》《贸易便利化协定》《信息技术协议》以及更为细化的《海关估价协议》《装运前检验协议》《原产地规则协议》《进口许可程序协议》等涉及通关的规则协议为“一带一路”沿线国家的海运通关问题提供了重要的借鉴依据。此外，贸易自由化、非歧视、例外免责与政策措施透明等WTO原则也应是“一带一路”沿线国家进行贸易活动时需要遵循的基本原则。

第三，构建公平、透明、合理的国际统一标准和国别差异化规则，积极回应广大发展中国家的关切，力争平衡“一带一路”建设中发达国家和发展中国家的不同利益诉求。WTO 规则体系作为一种“软”法在设计和实行中既有偏向于发达国家的谈判规则和审议规则，也有令发达国家不满的透明度不足问题。共建“一带一路”以共商共建共享为原则，旨在促进共同发展。因此在规则制定上，应该力求兼顾所有合作伙伴的相关规则体系，提高普适性。鉴于“一带一路”合作伙伴多为发展中国家，因此相关规则的制定和发展应结合实际，做出灵活调整。

第四，设立专门委员会和工作组处理相关领域谈判和执行事项，提高规则强制性。WTO 在具体领域设立了诸多常设委员会，也根据需要创设了诸多临时的工作组保证国际贸易有序发展。共建“一带一路”也可按照资金、贸易、设施等领域或更加细分的领域设置相关机构，提高问题处理的专业化水平。在组织管理、议题设置和人员配备中尽可能扩大代表性，除了成员方外，也可要求 WTO 专家作为第三方加入进来。专门委员会和工作组应定期发布相关法律法规，披露问题处理结果，既形成“先例裁决”，又可借助国际影响力和有效性形成较强的软性约束力。

第五，建立可执行性强的“一带一路”争端解决机制。WTO 争端解决机制的发展历程和解困路径为“一带一路”争端解决机制的建设提供了重要借鉴和完善方向。任何国际法律制度都必须在可执行上取得平衡，其法律裁决必须推动遵守法规，同时尊重国内主权。WTO 争端解决机制相对 GATT 争端解决机制更具有效性，就在于兼顾了可执行性和成员政府在政治敏感的合规性方案进行谈判时的灵活性。“一带一路”跨越几大法律体系，既有大陆法系的国家，也有海洋法系的国家，还有伊斯兰法系影响较大的国家，现有解决争端机制难以满足多元化的现实需求。而且，随着中国海外投资的不断增加和“一带一路”建设的快速推进，无论是中国自身的企业，还是东道国参与者，都希望建立起新的、更加透明公正的争端解决机制，从而维护自身利益。WTO争端解决机制为中国建设“一带一路”争端解决机制提供了重要思路，即鼓励采用政治、外交和司法的综合手段解决争端。“一带一路”建设中也应形成组织架构完整、流程完备的争端解决方式，同时也要借鉴WTO争端解决机制（甚至是MPIA）在兼具可执行性和维护国家主权方面的优势，提高其执行裁决的可行性。

借鉴的同时，更要了解到“一带一路”倡议适用WTO争端解决机制时可能存在的问题。一是适用主体受限。WTO协议下的贸易和投资争端的主体一般是主权国家，因此“一带一路”建设中大量存在的私人投资者与东道国之间的国际争端就难以适用。二是覆盖范围有限。“一带一路”沿线国家中非WTO成员的数量达到了15个，约占沿线国总数的1/4，这些国家是否认同并愿意接受WTO式的争端解决方法还是个未知数。三是使用率低。沿线国家多为发展中国家，法律制度不健全、经济实力较弱、政治环境不稳定，对WTO争端解决机制的使用较少。因此，在探索“一带一路”争端解决机制的努力中，除了解决执行性的问题，也应该充分考虑合作伙伴多是发展中国家的事实，着力降低东道国诉诸争端裁决的司法成本，以及减少败诉后可能对其后续项目融资、建设、验收带来的损失。

执笔人：刘晓伟

参考文献

[1] WTO：“A unique contribution”，https：//www. wto. org/english/thewto_ e/whatis_ e/tif_ e/disp1_ e. htm，2020 - 02 - 20.

[2] WTO：“WTO organization chart”，https：//www. wto. org/english/thewto_ e/whatis_ e/tif_ e/org2_ e. htm，2020 - 02 - 20.

[3] WTO：“Dispute settlement”，https：//www. wto. org/english/tratop_ e/dispu_ e/dispu_ e. htm，2020 - 02 - 21.

[4] WTO：“DS2：United States-Standards for Reformulated and Conventional Gasoline”，https：//www. wto. org/english/tratop_ e/dispu_ e/cases_ e/ds2_ e. htm. 2020 - 02 - 22.

[5] 张亚雯 . WTO 一般例外规则在调整国际经贸关系中的作用与不足——以中美原材料案为视角 . 知识经济，2015（22）

[6] 周艳云，周忠学．“WTO 国家特定规则”的合法性危机及其化解路径——基于中国入世议定书中的超 WTO 和负 WTO 规则的思考．河南财经政法大学学报，2018（2）

[7] 赵宏．论世界贸易组织的谈判机制．国际贸易，2016（12）

[8] 薛荣久，张斌涛 . WTO 与“一带一路”规则的构建．国际贸易，2018（12）

[9] 王琦．“一带一路”争端解决机制的阐释与构建．法学杂志，2018（8）

[10] 于鹏 . WTO 争端解决机制危机：原因、进展及前景．国际贸易，2019（5）

[11] 袁源 . WTO 遭遇最大危机，症结在美国．国际金融报，10 月 21 日，5203（1 - 2）

[12] Ernst-Ulrich PETERSMANN. “How to Promote the International Rule of Law? Contributions by the World Trade Organization Appellate Review System”, Journal of International Economic Law, 1998, Vol. 1, Issue 1, p40.

[13] Simon LESTER. “Can Interim Appeal Arbitration Preserve the WTO Dispute System”, September1, 2020, Free Trade Bulltin, CATO Institute, https：//www. cato. org/publications/free-trade-bulletin/can-interim-appeal-arbitration-preserve-wto-dispute-system, 2020 - 11 - 24.

[14] Jennifer HILLMAN. “What to Know About the Race to Lead the WTO”, September 3, 2020, Council on Foreign Relations, https：//www. cfr. org/article/what-know-about-race-lead-wto, 2020 - 11 - 24.

[15] Nigel CORY, Wendy CULTER. “Time for an Upgrade：Moving WTO Negotiations into the Digital World”, May 26 2020, Information Technology & Innovation Foundation, https：//itif. org/publications/2020/05/26/time-upgrade-moving-wto-negotiations-digital-world, 2020 - 11 - 25.

[16] Jeffrey J. SCHOTT. “The WTO is Dead…Long Live the WTO”, May 4, 2020, https：//www. milkenreview. org/articles/the-wto-is-dead-long-live-the-wto, 2020 - 11 - 25.

专题报告四

亚洲基础设施投资银行对“一带一路”国际规则的启示

亚洲基础设施投资银行（以下简称“亚投行”）是由中国牵头设立的区域性多边金融机构，也是发展中国家占最大股权的多边开发银行（Multilateral Development Bank，MDB）。亚投行以精简（Lean）、廉洁（Clean）和绿色（Green）为核心价值理念，机构设置拒绝臃肿架构，对腐败零容忍，且坚持可持续发展原则。自成立以来，亚投行已得到越来越多的认同，成员不断增加，截至2020年12月，亚投行已经有103个成员，成员数量在全球仅次于世界银行，从成员数量来说，是全球第二大多边开发银行。亚投行在治理规则上做出许多创新和变革，对于“一带一路”建设具有重要借鉴意义。

一、亚投行规则体系

相比世界银行、亚洲开发银行等多边金融投资机构，亚投行的规则体系更倾向保护发展中国家利益，更能广泛代表成员利益，主要在贷款规则、绿色金融及包容性发展、反腐败方面有以下特点：

第一，亚投行在贷款流程上进行了简化，包括缩短项目审批流程、提高审批效率。投资模式更为灵活，银行贷款、股权投资、担保业务同时运作，最大程度地整合市场资源参与基础设施建设，重点发挥亚投行的杠杆效应。不坚持“华盛顿共识”所要求的单一自由市场政策，不要求借款国以私有化或放松管制的方式换取贷款。

第二，同其他多边金融机构一样，亚投行的项目注重项目的合法透明，保护社会和环境利益，强调绿色融资和可持续发展。特别是在环保、移民搬迁、原住民保护等方面借鉴了很多国际通行做法，确保项目的可持续发展。

第三，重视反腐败工作。设立专门的合规部门，即合规、高效及廉正部（Compliance，Effectiveness and Integrity Unit，CEIU），直接向董事会报告。出台《关于被禁止行为的政策》（以下简称《政策》），重点治理投资项目中可能产生的腐败问题。该政策的宗旨是“银行应采取必要措施保证其提供、担保或参与的融资资金仅用于融资所规定的目标，并应兼顾节约和效率”。

二、亚投行国际规则的主要内容

亚投行自2016年1月16日开业以来，陆续发布了一系列具有约束力的政策规则。以“精简、廉洁、绿色”为业务理念，亚投行在尊重国际通行规则的基础上，借鉴现有多边开发银行的经验，建立起了一套精简高效的投融资及债务管理规则，并在规则设计中全面纳入廉洁与绿色原则。其中，《亚投行协定》（以下简称《协定》）是指导亚投行未来运作的基础文件，为成立亚投行提供了法律依据，其附则是对《协定》的补充与完善。在基础文件的指导下，亚投行还建立了有关投融资及债务管理、绿色金融、反腐等领域的规则，具体见表1：

表1 亚投行规则体系

基础文件		
《亚投行协定》《亚投行协定》附则		
投融资及债务管理	绿色金融及包容性发展	反腐败
1. 《主权贷款通则》 2. 《融资运营政策》 3. 《债务管理政策》	《环境与社会框架》	1. 《关于被禁止行为的政策》 2. 《采购政策》

资料来源：亚投行官网。

（一）投融资及债务管理规则

亚投行根据其宗旨和职能，主要对基础设施及其他生产性领域进行投资，采取的主要投资方式包括主权贷款、股权投资和担保等，其中主权贷款和发行项目债券为主要投资手段。

《协定》和《主权贷款通则》是涉及贷款条件规定的两个主要文件，前者对贷款条件作出了原则性规定，后者则规定了关于主权项目融资的基本法律条款。在原则上，亚投行借鉴已有多边开发银行的经验和教训，同时考虑发展中国家基础设施融资的实际需求，制定了符合成员需求的理念和标准，即在严格风险评估的基础之上，同时坚持不附加政治条件和不干涉内政的原则。在业务运营方式上，亚投行可为主权国家提供直接贷款、联合融资、参与贷款或为贷款提供担保，其中主权信用担保贷款为主要业务①。

《融资运营政策》及其附件则具体规定了项目贷款的基本条件以及贷款申请流程等。首先，每个申请融资的项目必须符合《协定》中

① 陈晶莹、戴正清：“亚洲基础设施投资银行：新兴多边开发金融机构”，《东南亚纵横》2015年第9期，第40～47页。

规定的发展目标，同时满足《融资运营政策》的相关要求。其次，主权融资主体的财务可持续性必须是可接受的。最后，项目融资严格遵循《环境和社会框架》，并且不属于《环境和社会排除情况》所明令禁止的项目。

在债务管理的规则方面，亚投行在《债务管理政策》中建立了一套严格的债务管理框架，包括利率风险和货币风险管理的相关原则和实践。但是对于债务违约问题，《协定》中规定：“银行从事普通业务时，若其所发放、参与或担保的贷款出现拖欠或违约，或其所投资的股权做出的其他融资出现损失，银行可采取其认为适当的措施。银行应保持适当的拨备水平以应对可能发生的损失。”①

（二）绿色金融及包容性发展规则

将环境与社会标准作为项目的主要考量，已经成为当前多边金融机构、发展合作机构的主流做法。亚投行自成立之初就坚持绿色增长、可持续发展的理念，通过颁布高标准的环境文件，致力于解决民生需求与环境和社会保护之间的矛盾。

规则框架。2016 年 2 月，亚投行正式颁布《环境和社会框架》。该框架明确了亚投行实施环境和社会风险管控政策的目标和自身在亚洲可持续发展中的角色，并且规定了项目审核的流程和标准以及监测措施和报告原则②。该框架包括《环境和社会框架》和《环境和社会标准》，并列出了 3 项强制性的环境和社会规则，即环境和社会评估与管理、非自愿移民及原住民的社会框架。

---

① 亚洲基础设施投资银行协定，亚洲基础设施投资银行官方网站，2019 年 12 月 20 日。

② 王霞：“亚投行与绿色‘一带一路’：实践回顾、现实问题与路径选择”，《山东财经大学学报》2019 年第 4 期，第 31 ~40 页。

项目分类。亚投行的《环境与社会框架》秉持逐个项目分别对待的原则，对于所有申请贷款的项目基于项目本身的环境和社会风险及影响对其进行评估和分类。根据潜在的环境和社会风险高低分为 A、B、C、FI 四类，A 类项目指对环境和社会有着严重的、不可逆的负面影响；B 类项目指对环境和社会有着潜在的、有限的负面影响；C 类项目指对环境和社会有着极小的负面影响或没有负面影响；FI 类项目指亚投行参与投资的股权融资项目①。在能源部门，亚投行于 2017 年 6 月发布“亚洲可持续能源战略”，尊重《巴黎气候协定》规定的国家自主贡献原则，并且致力于优先促进可持续基础设施建设、跨国联通及私人资本流动。

问责机制。强力高效的问责机制是多边开发银行降低投资风险、实现可持续投资的关键。问责机制一般包括透明度、遵守性和执行性②。《环境与社会框架》规定亚投行可对客户提出要求，受影响群众也可以通过申诉机制提出相关投诉。2018 年 12 月，亚投行对申诉机制进行补充，并且建立了社区能够直接向银行总部反映问题的机制。按照新的问责政策，两人及以上人员可以就银行政策不力或项目的环境和社会问题直接向银行提出诉讼。一旦确认投诉，亚投行将会启动合规审查，并制订相关行动计划，解决已经投诉的问题或进行争端解决。

（三）反腐败规则

关于反腐败规则的界定。根据亚投行 2016 年 12 月颁布的《政

① Environmental and social framework, AIIB, Dec 20, 2019, https: //www. aiib. org/en/policies-strategies/_ download/environment-framework/Final-ESF-Mar－14－2019－Final-P. pdf.

② WOODS NGAIRE. Accountability, governance, and reform in the international financial institutions. Oxford: Oxford University Press, 2001.

策》，七类行为被列为禁止行为，包括威胁、共谋、贿赂、欺诈、滥用资源、阻挠调查以及盗窃（见表2）。在腐败行为的范围上，亚投行将腐败和贿赂行为界定为“直接或间接地提供、给予、接受或要求任何具有价值的财物，来不正当地影响另一方的行为”①，其中贿赂物是任何具有价值的财物，而不仅仅是以金钱可以衡量的财物。

表2　关于禁止行为的具体界定②

禁止行为	定　义
威胁	直接或间接地损害或伤害，或威胁损害或伤害任何一方或某一方的财产，来不正当地影响某一方的行为
共谋	两方或多方之间旨在达到不当目的的安排，包括不正当地影响另一方的行为
贿赂	直接或间接地提供、给予、接受或要求任何具有价值的财物，来不正当地影响另一方的行为
欺诈	故意或不顾后果地误导或试图误导一方以获得财物或其他利益，或避免承担责任的任何作为或不作为，包括虚假陈述
滥用资源	故意或不计后果地不正当使用银行资源的不当行为
阻挠调查	1. 蓄意销毁、伪造、更改或隐藏亚投行调查的证据材料 2. 向调查人员作出虚假陈述，以阻止银行对违禁行为的指控进行调查 3. 未遵守与银行调查有关的，如提供信息、文件或记录的要求 4. 威胁、骚扰或恐吓任何一方，以防止其披露与银行调查有关的事项，或防止进行调查 5. 严重阻碍银行使用审计或获取信息的合同权利
盗窃	侵占另一方的财产

资料来源：亚投行官网。

关于制裁方式。对于上述被禁止的行为，《政策》规定亚投行可采取以下措施对其进行制裁，具体包括：1. 申斥，即以书面形式谴责

① Policy on prohibited practices, AIIB, Dec 20, 2019, https://www.aiib.org/en/policies-strategies/_download/policy-on-prohibited-practices/policy_on_prohibited_practices.pdf.

② Policy on prohibited practices, AIIB, Dec 20, 2019, https://www.aiib.org/en/policies-strategies/_download/policy-on-prohibited-practices/policy_on_prohibited_practices.pdf.

被制裁对象的行为。2. 取消资格，即被制裁对象在一段时间内或永远不得再获得亚投行项目有关的合同。3. 附加条件地免于取消资格，即在被制裁对象采取一定的补救、预防或其他措施后可以避免被取消资格。在规定期限内，没有满足上述条件的对象将自动被取消资格。4. 附加解除条件地取消资格，即被制裁对象在满足一定条件时，制裁可以提前解除。5. 其他制裁措施，包括但不限于向亚投行归还资金，并且支付与调查及程序费用等额的罚款等。在制裁范围上，亚投行不仅可以制裁采取禁止行为的对象，而且还可以制裁该对象的关联企业或个人，包括直接或间接拥有或控制被制裁对象、或与被制裁对象拥有共同所有权的个人、实体或公司，例如被制裁对象的母公司、子公司或兄弟公司。

关于规则执行支撑。为了保障投资的合规及管理的廉洁性，亚投行在成立之初就设立了 CEIU。CEIU 是一个相对独立的部门，涵盖投诉、评估、诚信监管等职能，并且直接向董事会报告。CEIU 由专业调查人员组成，负责审查《政策》中规定的有关欺诈及腐败的所有指控。所有董事会成员以及亚投行工作人员都有义务向 CEIU 负责人报告有可能违反《政策》的行为或项目。其他非董事会成员或亚投行工作人员，凡是对任何亚投行参与的项目、合同或活动以及涉及亚投行工作人员、顾问及承包商的欺诈和腐败行为有所怀疑，都可以在线填写《欺诈和腐败报告表格》向 CEIU 进行举报。CEIU 将对所有报告进行初步审查和评估，根据初步评估，CEIU 决定是否启动官方调查或采取其他适当的行动。如果 CEIU 调查人员调查发现欺诈和腐败行为属实，调查人员将向亚投行制裁官员提交证据，并且由后者作出制裁决定。

三、亚投行相关规则的评价

（一）投融资及债务规则

1. 规则评估

亚投行的投融资及债务规则具有较高的普适性、精准性及授权性，但是相较于其他多边金融机构，亚投行的贷款条件的强制性稍弱。

在普适性方面，亚投行在业务对象以及业务方式方面采取了与大多数多边金融机构相似的政策。同时，《协定》中也明确指出，“通过与现有多边开发银行开展合作，将更好地为亚洲地区长期的巨额基础设施建设融资缺口提供资金支持”①。自开业以来，亚投行的大多数项目都是与世界银行、欧洲复兴开发银行、亚洲开发银行或其他金融机构联合融资，其相关规则普适性较高。

在强制性方面，传统国际金融机构的贷款条件都具有明显的条件性和干预性。与其类似，亚投行对于财务条款以及贷款合同安排的规定也较为具体且详细，并且制定了严格的、高标准的环境社会政策，表现出了较强的“条件性”。但是作为一个新型的服务于发展中国家基础设施融资需求的多边开发银行，《协定》明确规定：“银行及其行长、高级职员和普通职员不得干预任何成员的政治事务，也不得在决策时受任何成员政治特性的影响，决策只应考虑经济因素。”②亚投行的贷款条件不包含政治因素，坚持不干预政治的基本原则。

在精准性和授权性方面，亚投行在债务可持续性等方面制定了一系列标准体系和政策要求，并且在必要时，亚投行可以依赖独立第三

---

①② 亚洲基础设施投资银行协定，亚洲基础设施投资银行官方网站，2019 年 12 月 20 日。

方对相关方面进行评估。亚投行还特别关注世界银行、IMF 所作的债务可持续性分析以及国家报告，并且与这些金融机构保持磋商机制。例如，如果项目属于 IMF 认定的“不能借贷”的情形，亚投行会遵循 IMF 对债务可持续性的判断。因此其相关规则的精准性和授权性也相对较高。

2. 规则成效及挑战

亚投行自 2016 年 1 月成立以来，基础设施投资总额达到 120.4 亿美元，共批准项目 63 个[①]，不仅大力改善了地区的互联互通建设，而且还降低了可再生能源生产成本，加强了跨境可再生能源贸易。成立 4 年以来，亚投行已经建立了一套包括项目评估、审批、上报及合规监管等全流程的项目管理制度。同时，亚投行也积极跟踪资金的使用情况，保障项目的顺利开展。相较于由发达国家主导的传统多边开发银行在项目投资融资中以华盛顿共识为基础的单一自由市场要求，亚投行坚持尊重发展中国家自身的发展道路，减少与经济无关的政治附加条件，精简使命，坚守核心战略，开发了一种更加灵活、精简、高效的投资模式。

但是值得关注的是，亚投行这种精简高效的贷款模式在快速弥补基础设施融资缺口的同时，也可能会面临成本难以收回、投资变成呆账坏账的风险。一方面，亚投行较为关注项目本身，有可能对项目东道国的风险评估不足，存在一定政治风险敞口[②]。另一方面，在国际债权债务的主权信用关系中，国家主权债违约的风险治理需要亚投行进一步完善项目投融资规则，在主权国家风险评级体系、债务可持续性分析以及透明度上做出更多的努力[③]。

① 亚洲基础设施投资银行官方网站，2020 年 1 月 8 日。

② 彭岳：“亚洲基础设施投资银行贷款协议法律适用问题前瞻”，《法商研究》2016 年第 1 期，第 139 ~ 147 页。

③ 朱宏春：“中国如何应对亚投行治理和运营中的挑战?”，《南方金融》2015 年第 6 期，第 10 ~ 13 页。

3. 与世界银行的对比分析（见表3）

表3　　亚投行与世界银行投融资规则对比

多边开发银行	贷款对象	贷款类型	贷款条件	贷款限制
亚投行	可以向任何成员或其机构、单位或行政部门，在成员的领土上经营的任何实体或企业，以及参与本区域经济发展的国际或区域性机构或实体提供融资；特殊情况下还可以给其他业务对象提供援助	项目贷款和非项目贷款	符合《亚投行协定》《融资业务政策》及其附件	排除清单
世界银行	成员国及其所属政府部门，或者是由成员国、成员国中央银行或者其他适合机关提供担保的私人主体	项目贷款和非项目贷款	借款人无法以合理条件自其他方面获得贷款，且贷款项目已获世界银行指派的贷款委员会推荐。此外，贷款条件还往往包括“公共部门改革条件”和“金融和经济改革条件”	2013年，世界银行在其能源行业投资战略中注明，停止向新建燃煤电厂和煤矿开采提供融资，除非是缺少煤炭融资来源并且能源需求只能由燃煤发电满足的国家；2019年后不再为石油和天然气上游产业提供融资，除非以下特殊情况：在项目对贫困人口获得能源有明显利好并符合国家对《巴黎协定》的承诺的情况下，考虑为最贫困国家的天然气上游产业项目提供资金

资料来源：作者自制。

世界银行作为世界上最大的多边金融机构，有着丰富的贷款和投资项目管理经验，并且建立起了一套完整严苛的投融资规则。尤其是在能源行业，世界银行2013年在其能源行业投资战略中表明，停止向新建燃煤电厂和煤矿开采提供融资。2019 年后，除非有证据证明项目投资符合《巴黎协定》且该项目对贫困人口有明显利好，否则世界银行不再为石油和天然气上游产业提供融资。此外，世界银行与 IMF 在贷款活动中还存在交叉引用的现象，即世界银行设定的贷款条件中要求借款人以优先满足 IMF 的贷款条件为前提，反之亦然。而在这些条件中就包含了宏观经济政策和结构性调整措施等。相较于世界银行，亚投行的投资模式更为灵活，银行贷款、股权投资、担保业务同时运作，贷款流程更为简化，项目审批流程更加高效。同时，亚投行在贷款对象、贷款条件以及排除清单方面也相对宽松。在设定贷款条件时，亚投行也尽量避免附加非经济条件，避免干涉他国内政。

（二）绿色金融及包容性发展规则

1. 规则评估

亚投行的环境与社会保护政策具有较高的普适性、强制性和授权性，但是在精准性方面有待提高。

第一，借鉴现有国际经验。亚投行在《环境与社会框架》中学习参考了已有多边开发银行的政策，并使用了与世界银行相同的评估类别，在其环境和社会规则中有 90% 是与其他多边开发银行所重叠的[①]。此外，亚投行还建立了严谨的环境社会框架和风险管理体系。环境与社会框架中列出的三个规则，即环境和社会评估与管理、非自愿移民及原住民的社会框架，都对投资行为具有强制性要求。

同时，亚投行还重视第三方在监测方面的作用。在项目监测中，

---

① 融合投融资规则：促进"一带一路"可持续发展——"一带一路"经济发展报告，国家开发银行，2020 年 1 月 10 日。

客户可以利用经亚投行批准的、具备相关资质且经验丰富的第三方对项目进行监测。

第二，重视实施过程。亚投行认为，环境和社会风险及影响的管理对于项目的成功至关重要。多边开发银行和双边发展组织在协助其客户管理环境和社会风险及影响方面的集体经验表明有效执行环境和社会管理计划的重要性。亚投行通过积极的实地监督、监测和核实，实施支持和机构加强，为客户有效地实施其项目计划提供支持。引进项目影响人机制（Project – affected People’s Mechanism，PPM），主要目的是为那些认为受亚投行项目影响的人群提供一个独立、公正的申诉机会，如果他们认为项目没有落实《亚投行环境与社会政策》，且他们的担忧并未得以合理解决。主要包括三类功能：项目进展问题处理、争端解决、合规性审查，以此确保项目实施全过程中相关规则的有效落实。

2. 规则成效及挑战

亚投行目前已经建立起了相对完善的治理机制和投资政策，在绿色投融资方面分别发布并实施了《环境与社会框架》《能源投资战略》《信息披露临时政策》和《申诉应对机制》。在《能源投资战略》中，亚投行还提出其能源项目要基于各国提交的国家自主贡献方案（NDCs）的目标。

总体上看，亚投行在《环境与社会框架》中提出了“支持绿色经济增长”的目标，并且致力于推动能效、清洁生产和可再生能源领域的投资。但是，亚投行在相关标准方面的规定较为模糊。例如，《环境与社会框架》提到，亚投行在项目中需要“征求”原住民社区的意见，但是并没有要求获得其“同意”。再如，《环境与社会框架》指出亚投行致力于推动清洁能源发展，但是目前并没有制定针对环境和气候敏感行业的具体政策。

此外，亚投行于2018年就问责机制通过了一项引申条款，提出申诉者如果面临当地政府或公司的威胁，可直接联系银行，无需在当地申诉。这一引申条款是问责机制的一大进步，但是仍然存在挑战。一方面，在亚投行通过金融中介参与的项目中，部分受项目影响的人群的申诉无法得到及时回应和积极解决，因而无法开展有效的监督；另一方面，问责机制不适用于亚投行与其他机构联合融资的项目，但是目前亚投行65%以上的项目都是与其他银行联合融资，在这种情况下，显然亚投行的争端解决机制无法得到有效应用。

3. 与世界银行的对比分析

亚投行在建设绿色投融资规则的过程中，充分借鉴了世界银行的环境与社会政策，使用了与世界银行新版的《环境与社会框架》相同的评估类别，因此亚投行的《框架》与世界银行的相比，二者在框架构成、框架结构、适用范围、政策范围和环境与社会标准方面都较为相似。但是，世界银行的安全保障政策更为精细和全面，而亚投行则突出了对童工、职业健康、劳动安全等问题的重视，而且也更加注重规则的融合（见表4）。

（三）反腐败规则

1. 规则评估

亚投行的反腐败规则呈现出普适性、授权性、强制性和精准性均较高的特点，其中以《政策》为核心的反腐机制在关于不正当行为的制裁方面提供了相对全面且有约束力的政策性指导。

表 4　亚投行与世界银行《环境与社会框架》对比

内容	亚洲基础设施投资银行	世界银行	异同点
框架构成	1.《环境与社会框架》（包含愿景、环境和社会政策、环境和社会标准、环境和社会排除清单） 2.《亚投行环境与社会指令》	1.《世界银行可持续愿景》 2.《针对投资项目融资的环境和社会政策》 3. 10 个《环境和社会标准》（适用于借贷者） 4.《银行指令：针对投资项目融资的环境与社会指令》 5.《世界银行针对弱势个人或群体的风险和影响的指令》	相同点：都包含愿景、环境和社会政策、环境和社会标准、环境和社会指令 不同点：亚投行更加简洁，世行更加复杂、细致、繁琐
框架结构	政策结构更为等级化，所有相关文件都包含在《环境与社会框架》内	各项保障政策呈水平结构，不分首要的、最重要的政策	
适用范围	适用于所有项目	适用于世界银行所有新的投资项目融资	
政策范围	生物多样性、生物多样性的影响、重要栖息地、自然栖息地、保护区、土地和水资源利用的可持续性、预防性措施、污染防治、资源效率、气候变化、温室气体、社会风险和影响、脆弱群体和歧视、性别、土地和自然资源的获取、文化资源、工作条件、社区卫生和安全、童工和强迫劳动、建筑安全、交通和道路安全、非自愿移民原住民	环境与社会风险和影响、劳工和工作条件、资源效率和污染防治、社区健康和安全、土地征用、土地使用限制和非自愿移民、生物多样性保护和自然资源的可持续管理、原住民/撒哈拉以南非洲长期服务不足的传统地方社区、文化遗产、金融中介机构、利益相关方参与和信息公开	相同点：涉及的方面有性别、气候变化、社区健康、生物多样性、土地征用、污染防治、资源效率、自然栖息地保护、文化资源等 不同点：亚投行突出童工和强迫劳动、建筑安全、交通和道路安全，世界银行突出金融中介机构、利益相关方参与和信息公开
环境与社会标准	3 个标准：环境与社会评估和管理、非自愿移民、原住民	10 个独立标准（参考上述“政策范围”）	相同点：覆盖范围大致相同 不同点：世界银行更加细致具体

资料来源：作者自制。

亚投行除了自行制裁腐败等不当行为外，还积极参与其他国际金融机构的联合制裁。例如，2010 年，根据世界银行、亚洲开发银行、欧洲复兴开发银行和美洲开发银行联合签订的《共同实施制裁决议的协议》，被列入联合黑名单的企业将受到所有签署该协议的金融机构的联合制裁。亚投行虽然尚未签署该协议，但是在《政策》中单方面表示接受上述黑名单，凡是被列入该黑名单的企业将不再有机会参与任何由亚投行资助的项目。总体上，亚投行反腐败规则的普适性和授权性较高。

同时，凡是被列入黑名单或是由亚投行工作人员抑或其他人员举报的不正当行为，经 CEIU 调查、确认并提供证据后，审查官员或审查委员会作出决策，或申斥，或取消资格，或附加条件地免于取消资格，或附解除条件地取消资格，或由被制裁对象向亚投行归还资金或支付罚款等。此外，亚投行在《政策》中明确规定了 7 类不正当行为，并且对每类行为进行了界定。关于制裁主体、制裁措施以及制裁程序，《政策》以及《政策指示》都进行了明确的规定，因此具有一定的精准性。

2. 规则成效及挑战

亚投行对于腐败采取零容忍态度，CEIU 负责人谢里夫强调，反腐并非一时之功，需要亚投行所有工作人员持续地警惕与关注。在运营过程中，亚投行不仅在投资前对企业进行尽职调查，而且对于那些在不符合国际标准的司法管辖区注册的企业，亚投行还会进行额外的尽职调查，以确保所有企业没有腐败行为。目前，对于受到包括世界银行在内的 5 家全球领先的多边开发银行制裁的 1000 多家公司和个人，亚投行都不予合作。此外，亚投行还与世界银行签署了谅解备忘录，以对共同融资的项目中的腐败指控进行联合调查①。

3. 与世界银行的对比分析

亚投行致力于打造一家廉洁的多边开发银行，不仅面向全球采购，突破传统多边开发银行只在成员国采购的限制性做法，增加采购的透明度，而且还通过设立 CEIU 专门负责反腐工作。此外，亚投行制定的《政策》还细化了调查程序、制裁程序 以及可实施的制裁措施。与世界银行相比，亚投行在腐败行为的界定、可制裁的范围以及制裁措施等方面都与其采取了相同或相近的反腐政策。

关于腐败行为的界定。亚投行和世界银行都将其定义为“直接或间接地提供、给予、接受或要求任何具有价值的财物，来不正当地影响另一方的行为”。换言之，除了金钱和实物等传统商业贿赂中的财物，一些难以用金钱衡量其具体价值的贿赂手段可能也违反亚投行和世界银行的反腐规则。

此外，亚投行和世界银行都将威胁、共谋、贿赂、欺诈及阻挠调查视为可制裁行为。但是与世界银行相比，亚投行还增加了滥用资源及盗窃两种行为，并且对阻挠调查的行为进行更加细致的划分与说明。同样，在制裁措施上，亚投行与世行的规则也比较一致，都将附加解除条件地取消资格、取消资格、附加条件地免于取消资格作为制裁措施，只不过亚投行将世行的“公开谴责信”改为了“书面谴责”，虽然相对隐晦，但本质上也并无区别。

在制裁范围上，亚投行和世界银行规定制裁对象为实施上述可制裁行为的主体，例如资助合同的投标人、承包商及其代理人、分包商、采购供应商及服务供应商等。此外，两家金融机构还都采取了连带制

---

① AIIB takes tough stance on corruption, China Daily, Dec 20, 2020, https://www.chinadaily.com.cn/a/201812/05/WS5c072b9fa310eff30328f1d8.html.

裁的政策，即不仅可以对直接实施不正当行为的主体加以制裁，而且还可以制裁直接或间接拥有或控制被制裁对象，或与被制裁对象拥有共同所有权的个人、实体或公司，例如被制裁对象的母公司、子公司或兄弟公司等。

总体上，亚投行在反腐败的大部分规则上与世界银行保持一致，甚至在可制裁行为方面的相关规定更为严格与细致。但是在机构设置和制裁程度上，亚投行的设置相对简便，体现了其“精简”的特色。例如，世界银行从1996年颁布《采购指导方针》和《咨询顾问指导方针》以来，制定的相关政策和指导文件多达12份，规则内容更加细化。亚投行关于反腐败的政策文件目前只有《政策》及《政策指示》，但是涵盖了关于反腐规则的大部分内容。在制裁程序上，世界银行设立了廉政局（INT）负责对可制裁行为进行调查，如果存在可制裁行为，则INT向暂停与取消资格办公室（OSD）提交指控声明及证据，OSD审理后向被调查企业发出制裁程序通知，经被调查企业提交书面解释或申诉后，制裁委员会作出最终决定。相对于世界银行细致明晰的制裁程序，亚投行的制裁程序相对简单但也更显便捷。例如，举报人在线填写《欺诈和腐败报告表格》向CEIU举报企业不正当行为，CEIU予以调查，调查组向制裁官员提交证据，后者进行审查并做决定。如有异议，制裁官员向制裁委员会上诉，后者做出最终决定。这一过程相对较快，但是对于企业如何进行申诉并没有做出具体规定（见表5）。

四、亚投行相关规则的执行情况

截至2020年1月，亚投行已批准62个投资项目，投资总额近100亿美元，撬动公共和私营资本投资400多亿美元。根据亚投行官网公

表 5　　亚投行与世界银行反腐败规则对比

金融机构	政策文件	部门设置	制裁主体	可制裁行为	制裁措施
亚投行	《关于被禁止行为的政策》《关于被禁止行为的政策指示》	合规、高效及廉正部（CEIU）直接向董事会报告；制裁官员；制裁委员会	不正当行为的对象及与其有关联的个人、实体或公司	威胁、共谋、贿赂、欺诈、滥用资源、阻挠调查以及盗窃	申斥、取消资格、附加条件地免于取消资格、附加解除条件地取消资格以及其他
世界银行	《反腐败指导方针》《诚信合规指引》等 12 份政策文件及指导方针	世行廉政局（INT）、暂停与取消资格办公室（OSD）、制裁委员会	不正当行为的对象及与其有关联的个人、实体或公司	威胁、共谋、贿赂、欺诈、及阻挠调查	附加解除条件地取消资格、取消资格、附加条件地免于取消资格、公开谴责信、补救

资料来源：作者自制。

布的信息，主要投资项目所在地为南亚和东南亚，其中印度项目 14 个，孟加拉国和印度尼西亚均有 5 个，巴基斯坦和土耳其均有 4 个，而中国只有 2 个。项目主要涵盖交通、能源、城市建设等领域。

总体上，亚投行在精简、廉洁和绿色等规则的执行上取得一定成效，致力于帮助区域国家和相关国家加强基础设施建设和互联互通。项目在落实投融资、绿色金融、反腐败规则方面能够高标准执行，在项目准备、评估、规划、监督等环节都高度重视上述规则。

由于亚投行是最“年轻”的多边开发银行，第一个项目于 2016 年 6 月获批准，大部分项目都在执行过程中，尚未完成。先选取其早期批准的、具有一定代表性的 3 个项目，主要分析投融资、绿色金融及包容性发展、反腐败 3 个方面规则的落实情况。

（一）塔吉克斯坦杜尚别 – 乌兹别克斯坦边境公路提升项目

1. 项目简介

2016 年，亚投行批准向塔吉克斯坦杜尚别—乌兹别克斯坦边境公路提升项目提供2750万美元的贷款。这一项目总投资为1.05亿美元，欧洲复兴开发银行作为共同出资方，贷款6250万美元，其余部分由塔吉克斯坦政府出资。项目的设计建设期为2016年12月至2020年12月，贷款结束日期为2021年6月30日。

根据《项目文件》（Project Document），项目致力于提升亚洲高速公路网络和中亚区域经济合作走廊（CAREC）在塔吉克斯坦境内的连通性，提升从杜尚别到乌兹别克斯坦边境公路的等级，这条公路于30年前建设，处于老旧失修状态下。这一项目将提升区域贸易，减少交通堵塞，提升道路安全。

2. 相关规则设计

关于投融资。根据《项目文件》，亚投行的2750万美元贷款，其贷款期限为15年（包括3年的宽限期），贷款利率为亚投行主权抵押贷款的标准利率，平均期限为9.25年，此外，还有0.25%的保证金和0.25%的前端费用。欧洲复兴开发银行将担任牵头联合贷款人，并将代表亚投行管理所有贷款，包括采购、环境和社会合规以及项目监测和报告。亚投行与欧洲复兴开发银行将签署项目共同融资协议，由欧洲复兴开发银行根据该行的政策和流程管理该项目贷款。

关于环境和社会。在《项目文件》中，环境和社会部分的内容最长。该项目属于B类项目。亚投行决定，项目使用欧洲复兴开发银行的《环境与社会政策（2008）》。因为（1）符合《协定》，并且符合亚投行相关的环境和社会政策和标准；（2）欧洲复兴开发银行的环境和社会政策适用于该项目ESP所制定的监控程序。对于具体涉及的如征地、文物保护、行人安全等都进行了具体的要求。项目还专门制定了环境与社会行动计划（ESAP），包括对于可能出现的环境和社会影响，要采取缓解和监督措施，由监察顾问监督落实。

关于反腐败。塔吉克斯坦政府向亚投行和欧洲复兴开发银行保证，该项目的实施将符合两家银行的政策，包括反腐措施。亚投行与塔吉克斯坦政府讨论了亚投行的《政策》，塔吉克斯坦政府承诺，项目实施过程中，参与项目的政府职员和代表将坚持最高道德标准，要求每个人严禁涉及有关贷款的被禁止行为。

3. 规则执行情况

2019 年 5 月，亚投行出具《项目实施监测报告》，根据该报告：

关于资金方面。截至 2019 年 5 月，该项目实际完成 28.3%，资金实际拨付率为 33.6%，比实际计划要慢，主要原因是塔吉克斯坦政府的资金不到位和相关前期设施不完善。从环境和社会方面，该项目工地是一个人口密集的市区，现有地下公用设施的搬迁仍然是造成延误的重要原因。

关于环境与社会方面。项目监理申诉补救机制（GRM）是根据环境和社会影响监测和缓解计划而建立的，客户、现场工程师和承包商共同指派保障工程师并确定了 GRM 机制通过每周现场协调会议开展，会议由现场保障工程师主持，听取客户、承包商和当地社区代表的申诉。这些会议讨论并解决了社区代表提出的问题和投诉。

关于反腐败方面。目前没有关于该项目中出现腐败行为的报道。

（二）印度尼西亚国家贫民窟升级项目

1. 项目简介

该项目致力于提升印尼有关城市贫民窟的基础设施建设和服务。亚投行将与世界银行共同出资支持印尼政府在 154 个城市的贫民窟基础设施建设。直接和间接的受益者将达到 970 万人，通过基础设施的提升，居民们将体验到生活条件的显著提升。项目周期为 2016 年 12

月至2021年6月。项目总投资约为17.43亿美元，其中，亚投行和世界银行分别出资2.16亿美元，印尼政府等出资13.1亿美元。

2. 相关规则设计

关于融资。世界银行是主要的联合融资方，将代表亚投行进行贷款管理，包括采购、资金发放、环境和社会标准实施情况、项目检测和报告，这一方式有助于与印尼政府进行高效的沟通，并有助于项目的实施。世界银行与亚投行签署了联合贷款协议。亚投行允许其项目采用其他联合融资方的相关政策。根据项目文件，亚投行贷款期限为16.5年（包括7年的宽限期），利率为亚投行主权抵押贷款的标准利率。亚投行和世界银行将有效匹配对两套贷款文件的相关政策。

关于环境与社会。亚投行决定，项目采用世界银行的环境与社会保障政策（ESSP），主要考虑：一方面，世界银行的ESSP与《协定》《亚投行环境与社会政策》相匹配；另一方面，世界银行采用的流程也符合亚投行的要求。在世界银行ESSP政策下，该项目属于B类项目，潜在的风险和影响可以确定，通过缓解和检测措施可以解决。项目制定了《环境和社会管理框架》，将为项目管理的各级职员、顾问、社区等提供指导，以此管理环境和社会风险。该项目可能会需要一些征地，但是会尽量避免非自愿的搬迁。

关于反腐败。印尼政府向亚投行和世界银行保证，该项目的实施将符合两家银行的政策，包括反腐措施。印尼政府同意与两家银行签署有关协议。该项目旨在使不同层级的利益相关者和受益者的参与最大化，以确保更好地治理和问责，并提高执行质量。该项目将通过多种措施将公民的参与置于执行的核心，包括磋商和讨论、信息披露、项目成果监督、基于网络的项目信息和投诉处理机制等。

3. 规则执行情况

关于资金方面。截至2019年7月，资金实际拨付率为38.3%，有望于2019年底追上项目设计的进度，届时，总体资金拨付将达到1.15亿美元。目前，12个既定目标中的4个已经完成。

关于环境与社会方面。截至2019年2月25日，已记录的投诉为16560件，已解决99%。大部分投诉来自面对面的社区会议，99%的投诉主要是信息问询。投诉处理机制操作指南已完成，目标是对投诉进行重新分类，以方便分析并避免误解。项目在征地方面有一些困难。

关于反腐败方面。目前没有关于该项目中出现腐败行为的报道。

（三）印度中央邦农村连通项目

1. 项目简介

项目致力于提高印度中央邦道路的耐用性，以及提升邦政府管理农村路网的能力。项目的直接受益者覆盖5640个村庄的约150万人口，包括生活在贫困线以下的人口包含年轻人、女性、儿童等弱势群体。特别是女童，道路的连通有助于提升女童入学率和提高她们的受教育水平。同时，项目本身及未来的维护将创造更多就业。项目总投资约5.02亿美元，由世界银行、亚投行和中央邦政府共同出资，其中，亚投行提供1.4亿美元主权担保贷款，世界银行提供2.1亿美元主权担保贷款，中央邦政府出资1.52亿美元。项目周期为2018年5月至2022年12月。

2. 相关规则设计

关于融资。世界银行是主要的联合融资方，将代表亚投行进行贷款管理，包括采购、资金发放、环境和社会标准实施情况、项目检测和报告，这一方法有助于与印度政府进行高效的沟通，并有助于项目的实施。世界银行与亚投行签署了联合贷款协议。亚投行允许其项目采用其他联合融资方的相关政策。根据项目文件，亚投行的 2. 16 亿美元贷款的贷款期限为 16. 5 年（包括 7 年的宽限期），利率为亚投行主权抵押贷款的标准利率。亚投行和世界银行将有效匹配对两套贷款文件的相关政策。

世界银行将代表亚投行履行采购、保障、贷款发放、项目检测和报告服务以及世界银行的环境与社会相关事宜，采购、贷款发放和融资管理，项目检测和报告程序可用于该项目，因为它们与银行的相关政策相一致。亚投行将根据其与世界银行的联合融资协议提供足够支持。

关于环境与社会。亚投行认为，应用于项目的有关环境与社会规则符合《亚投行环境与社会政策》，亚投行将委托世界银行做相关领域的决策，并且在落实过程中也采用世行的有关要求。在世行 ESSP 政策下，该项目属于 B 类项目，项目具有有限的负面环境影响，具体的影响水平要根据不同地点和干预程度确定，主要是有可能影响自然排水系统。项目对于当地文化资源的负面影响有待检验。

关于反腐败。亚投行认为，世界银行的《反腐败指南》与亚投行的《政策》相匹配，可以采用世界银行的这一指南。同时，该项目可以依照世界银行的《采购与顾问指南（2014 年 7 月修订版）》执行采购政策，包括制裁政策、采购流程等。项目将采用在线采购系统，项目实施方将使用印度国家信息中心（NIC）的在线采购系统，世行已经对该系统进行了评估，并决定用于世界银行的贷款项目。使用该系统的目的是提高项目执行的效率和透明度。

3. 规则执行情况

关于资金方面。截至 2019 年 7 月，资金实际拨付率为 35. 7%，项目第一阶段工程已经完成55%，项目实施方将会评估如何完成10000公里路面的预期目标。同时，在机制建设和道路安全方面，进度将会加快。目前，没有发现大的风险。资金拨付需求的提交进度希望进一步加快。

关于环境与社会方面。项目监理申诉补救机制（GRM）已经建立，与印度政府的有关规则相匹配，当地社区已经被告知这一机制的存在及其作用。截至目前，没有重大的申诉产生。

关于反腐败方面。目前没有关于该项目中出现腐败行为的报道。

五、对“一带一路”国际规则的启示

（一）吸收借鉴现有的国际惯例，以合作促创新

第一，国际实践中好的做法直接借鉴。当前，全球治理体系面临调整，“一带一路”倡议是全球治理体系中的新生力量。以“一带一路”引领和推动全球治理体系改革，需要借鉴很多被广泛接受和应用的国际规则，而不是推倒重来。亚投行在实践过程中，对于世界银行、亚洲开发银行、IMF等多边金融机构的相关规则，在其相应的规则制定中，进行了大量的吸收，特别是融资、绿色金融、包容性发展、反腐败这些有着全球认可、具有普适性的规则。

第二，引进发展合作伙伴。通过与世界银行、亚洲开发银行、欧洲复兴开发银行等合作，在“一带一路”项目中开展三方合作，经过一系列的引进、吸收后，逐步建立符合“一带一路”特点、基于项目实际的有关标准。在这一过程中，尊重世界银行等先行者，直接采用合作方的规则，通过项目的实际操作，不断完善自身的规则，提高规则的精准性。

第三，提高规则的本土化水平。项目的执行主要是所在国的执行方，项目的推进要兼顾投资方和执行方，这就需要形成一套兼顾各方的规则体系。特别是在环境与社会领域、反腐败方面，包括生态保护、移民搬迁、劳工、采购等，注意吸收和遵循所在国的规则，提高规则的本土化水平。

（二）建立以资金管理为中心的项目管理体系

第一，流程简化，规则清晰。亚投行在贷款流程上进行了简化，包括缩短项目审批流程、提高审批效率①。《协定》和《主权贷款通则》是涉及贷款条件规定的两个主要文件，前者对贷款条件做出了原则性规定，后者则规定了关于主权项目融资的基本法律条款。《融资运营政策》及其附件则具体规定了项目贷款的基本条件以及贷款申请流程等。对于融资这一核心内容，通过不同层次的规则进行明确，既有原则、要求、流程，也有贷款的暂停、终止、仲裁等政策安排。

第二，发挥杠杆作用，积极引入和参与第三方合作。亚投行投资项目更为灵活，银行贷款、股权投资、担保业务同时运作，同时最大程度地整合市场资源参与基础设施建设，一方面是引入第三方资金共同开启新项目，另一方面也积极参与已有项目，作为第三方参与。这样，就很好地发挥了亚投行资金的撬动作用。

第三，确保项目的债务可持续性。每个申请融资的项目除了必须符合《协定》中规定的发展目标和《融资运营政策》的相关要求外，主权融资主体的财务可持续性必须是可接受的。例如，如果项目属于

---

① 刘东民、高蓓：“亚投行：发起、运营与挑战”，《中国财政》2016 年第 3 期，第 20 ~ 23 页。

IMF 认定的“不能借贷”的情形，亚投行会遵循 IMF 对“债务可持续性”的判断。因此其相关规则的精准性和授权性也相对较高。

（三）建立高水平的环境与社会标准，实现可持续发展

第一，多领域覆盖。《环境和社会框架》列出了三项强制性的环境和社会规则，即环境和社会评估与管理、非自愿移民及原住民的社会框架。在环境与社会评估与管理中，又涉及生物多样性、自然环境、保护区、土地和水资源利用、污染防治、气候变化等十多个具体领域。

第二，全流程监管。环境和社会风险及影响的管理对于项目的成功至关重要。亚投行通过积极的实地监督、监测和核实，实施支持和机构加强，为客户有效地实施其项目计划提供支持。在项目分类、战略评估、联合审查、项目实施等环节都有具体要求。

第三，注重反馈机制。亚投行引进 PPM，主要目的是为那些认为受亚投行项目影响的人群提供一个独立、公正申诉机会，如果他们认为项目没有落实《亚投行环境与社会政策》，且他们的担忧并未得以合理解决。在已开展的项目中，这一机制运行良好，已经披露的信息表明，与当地社区的互动，根据反馈对完善项目的进程是非常有效的方式，并没有出现大量的不合理投诉。

（四）对腐败零容忍，建立全方位、多维度的防控体系

第一，实施清单管理。对于腐败行为的界定，亚投行将腐败和贿赂行为界定为“直接或间接地提供、给予、接受或要求任何具有价值的财物（anything of value），来不正当地影响另一方的行为”，根据亚投行 2016 年 12 月颁布的《政策》，腐败行为有七大类，包括威胁、共谋、贿赂、欺诈、滥用资源、阻挠调查以及盗窃。

第二，全方位监督。根据亚投行《政策》，从被监督方来看，包括反腐败行为的监督对象包括亚投行参与的项目、合同或活动以及涉及亚投行工作人员、顾问及承包商。从监督方来看，包括所有董事会成员、亚投行工作人员和社会大众。

第三，腐败代价高昂。最严格的制裁方式为包括但不限于向亚投行归还资金，并且支付与调查及程序费用等额的罚款，被制裁对象在一段时间内或永远不得再获得与亚投行项目有关的合同。制裁可以延展为对象的关联企业或个人，包括直接或间接拥有或控制被制裁对象，或与被制裁对象拥有共同所有权的个人、实体或公司，例如被制裁对象的母公司、子公司或兄弟公司。因此，腐败行为的代价极高，从这个角度去看，制裁起到威慑作用。

第四，注重反腐败的授权性。亚投行积极参与其他国际金融机构的联合制裁。承认世界银行、亚洲开发银行、欧洲复兴开发银行和美洲开发银行联合签订的《共同实施制裁决议的协议》，被列入联合黑名单的企业将受到所有签署该协议的金融机构的联合制裁。亚投行虽然尚未签署该协议，但是在《政策》中单方面表示接受上述黑名单，凡是被列入该黑名单的企业将不再有机会参与任何由亚投行资助的项目。总体上，亚投行反腐败规则授权性较高。

执笔人：张宏飞　李佳真

参考文献

[1] 陈晶莹，戴正清．亚洲基础设施投资银行：新兴多边开发金融机构．东南亚纵横，2015（9）

[2] 亚洲基础设施投资银行协定，亚洲基础设施投资银行官方网站，2019 年 12 月 20 日. https：//www. aiib. org/en/about-aiib/basic-documents/_ download/articles-of-agreement/basic _ document_ chinese_ bank_ articles_ of_ agreement. pdf.

[3] 王霞．亚投行与绿色“一带一路”：实践回顾、现实问题与路径选择．山东财经大学学报期

刊，2019（4）

[4] Environmental and social framework，AIIB，Dec 20，2019，https：//www. aiib. org/en/policies-strategies/_ download/environment-framework/Final-ESF-Mar – 14 – 2019 – Final-P. pdf.

[5] WOODS NGAIRE. Accountability，governance，and reform in the international financial institutions. Oxford：Oxford University Press，2001.

[6] Policy on prohibited practices，AIIB，Dec 20，2019，https：//www. aiib. org/en/policies-strategies/_ download/policy-on-prohibited-practices/policy_ on_ prohibited_ practices. pdf.

[7] 亚洲基础设施投资银行官方网站，2020 – 01 – 08，https：//www. aiib. org/en/index. html.

[8] 彭岳．亚洲基础设施投资银行贷款协议法律适用问题前瞻．法商研究，2016（1）

[9] 朱宏春．中国如何应对亚投行治理和运营中的挑战？．南方金融，2015（6）

[10] 融合投融资规则：促进“一带一路”可持续发展——“一带一路”经济发展报告．国家开发银行，2020 – 01 – 10，http：//www. cdb. com. cn/rdzt/ydyl/201911/P020191106652075822071. pdf.

[11] AIIB takes tough stance on corruption，China Daily，Dec 20，2020，https：//www. chinadaily. com. cn/a/201812/05/WS5c072b9fa310eff30328f1d8. html.

[12] 刘东民，高蓓．亚投行：发起、运营与挑战．中国财政，2016（3）

专题报告五

欧洲复兴开发银行对“一带一路”国际规则的启示

欧洲复兴开发银行（EBRD）是20世纪80年代末在东欧国家剧变的背景下，在时任欧共体理事会主席、法国总统密特朗倡议下成立的区域性多边开发机构，于1991年4月在伦敦开业。欧洲复兴开发银行在推动受惠国市场化转型、促进可持续发展、保持良好的债务可持续性方面受到好评，其环境与社会政策，绿色经济转型方案等规则和政策值得我们在建立和完善“一带一路”国际规则和政策过程中分析借鉴。

一、欧洲复兴开发银行简介

（一）成立背景

1989年起，东欧社会主义国家相继发生执政的共产党（工人党）丧失政权，社会主义制度转变为资本主义制度的根本性变化。随之这些国家纷纷陷入经济衰退和债务危机，需要西方发达国家提供经济援助。时任欧共体理事会主席的法国总统密特朗倡议建立一个地区性开发银行，协调各方向东欧国家提供援助。该倡议得到了广泛响应和支持，经过18个月的紧锣密鼓的筹备，欧洲复兴开发银行于1990年成立，并于1991年4月在伦敦开业。

成立之初，成员包括39个国家和欧共体委员会（后成为欧盟委员会）、欧洲投资银行两个国际组织。注册资本金为100亿欧洲货币单位（即之后的欧元）。其中，美国是最大的股东，占有10%的股份。法国、英国、德国、意大利、日本各占8.5%的股份，东欧国家共占11.9%的股份（苏联占6%）。经过近30年的发展，成员国拓展为来自五大洲的69个国家和两个国际组织，并且和世界银行、亚洲开发银行、泛美开发银行等多边机构保持了密切的合作。中国2016年正式成为欧洲复兴开发银行的成员国，拥有0.1%的股份。

银行的宗旨是支持促进中东欧国家由计划经济向市场经济转型，着重帮助私营部门发展和培养企业家精神。具体包括推动受惠国的经济结构改革和产业升级、提升企业竞争力、帮助完善受惠国相关法律和政策、改善营商环境等。

（二）组织架构和主要业务

欧洲复兴开发银行的最高权力机构是理事会，负责制定政策、决定计划案及审核预算，每个股东各委派正、副理事各1名，每年举行一次会议。下设董事会，代理事会行使权力并选举行长，负责管理银行的日常业务。总部设在伦敦，在30多个国家设立了37个办公室。

欧洲复兴开发银行核心价值观包括：民主、多边主义、市场化转型、环境和社会的可持续发展、额外性①、性别平等、透明、廉洁、

---

① 额外性是指除金融和商业服务外的额外服务，包括支持推动市场化转型的立法、政策的咨询、评估等工作。

反性骚扰和性虐待等。在其指导下，银行的主营业务包括贷款、投资、担保、咨询以及政策建议等。目前，该行已在中东欧、中亚、中东和北非地区的38个国家和地区开展5200余个项目，涵盖能源、基础设施、金融、小微企业等多个领域，总投资额达到1300多亿欧元。

二、欧洲复兴开发银行国际规则和做法特点

同其他多边开发机构相比，欧洲复兴开发银行在国别化政策和规则、环境与社会政策、发展绿色低碳等方面具有自身特点。

（一）债务与融资领域——《转型报告》和“转型指数”

《转型报告》是欧洲复兴开发银行撰写的年度分析报告。该报告由欧洲复兴开发银行专业的研究团队撰写，包括经济、金融、政治、环境、社会等各方面专家。该报告从1994年首次发布，至今已连续发布26年。该报告通过对受惠国市场化转型和塑造企业家精神等方面工作进行分析和预测，对受惠国提出政策建议。同时，报告中提出的“转型指数”（Transition Indicator），对各国在某一领域的市场化程度进行评价，是银行使用差异化政策工具的主要标准，同时也是各受惠国评价本国转型程度的重要参考。

转型指数最初从四大维度进行分析，即企业私有化程度、市场和贸易改革、金融机构改革和立法改革。每个维度又细分为不同的指标，如企业私有化程度细分为大型企业私有化程度、小企业私有化程度和企业重组程度；金融机构改革细分为银行系统改革、利率改革、证券市场和金融机构改革等。指标的计算包括定量分析和定性分析两部

分，如通过私营企业生产总值占国内生产总值的比重定量反映企业私有化程度，通过金融和市场环境立法、制定政策等定性分析反映立法改革程度等。最终通过指标间的加权计算出一国在某一维度的市场化得分。每个指标最低分为 1 分，最高分为 5 分。

随着各国市场化转型程度和领域不断深入拓展，转型指数所包含的维度和指标都不断完善。如在产业结构上，拓展至农业、制造业、房地产、基础设施、能源等 16 个行业，金融业改革拓展至保险、私募基金、养老基金等其他金融服务领域，评价方法不仅统计转型的数量，并且加入了转型质量的评价，使评分更加客观公正。

银行在发放贷款或进行投资时，会参照受惠国转型指数制定差异化的融资方案控制投资风险。如：转型指数较低的国家，意味着营商环境较差，在此类国家开展项目时银行会将大部分资金直接贷款给受惠国政府，政府再转贷给项目方，以政府信用作为担保，降低资金回收风险。此外，政府通常还与转型指数低的受惠国签署经济技术合同，提供财务管理、国际会计准则、商业模式等一系列培训，在项目运行过程中帮助引入国际招标程序和国际监理，保证项目成功率，从而降低偿付风险，同时也通过经济技术服务进一步帮助受惠国进行市场化转型。转型指数较高的国家，意味着营商环境较好，在此类国家开展项目时银行会把更多资金直接贷款给私营部门或项目执行部门，也不会对项目招标和实施过程进行过多限制，银行的作用仅是提供融资服务。

（二）包容性发展规则——《环境与社会政策》

欧洲复兴开发银行从成立之日起就在其成立协议中把“推动环境

友好和可持续发展”列为其核心工作之一，同时也强调“环境与社会可持续发展是其衡量转型成果的基础性内容”“所有的项目必须把促进环境和社会可持续发展排在优先位置”①。因此，在 1991 年理事会会议就通过了《环境政策》。经过不断修改完善，2014 年发布了目前施行的《环境与社会政策》，作为一项重要的原则性文件指导其开展各项工作。

《环境与社会政策》通过其制定的“行为准则（Performance Requirements）”对所有项目进行评估和管理。“行为准则”包括如何评估和管理项目产生的环境社会影响、劳动力和工作环境、资源效率和污染防治、健康安全、土地确权、生物多样性和动植物保护、原住民权益、文化遗产保护、中介机构权益、信息公开 10 大类条款。每一类条款明确列出了目标和具体要求。银行依据“行为准则”对项目的立项运行和效果等按照“分级减缓（Mitigation Hierarchy）”原则进行评估。

欧洲复兴开发银行重视尊重和保障受惠国各项目的劳动者权益，并参照联合国和其他国际组织的经验为其制定了相关规则，包括创造平等、无歧视、机会均等在内的工作条件，建立并维护工作者与管理者之间的关系，遵守相关法律，保护并促进工作者的安全与健康，阻止强迫劳动及雇用童工，尊重本地文化与价值观等。

（三）绿色发展领域——《绿色经济转型路径》

《绿色经济转型路径》（Green Economy Transition Approach，GET）是欧洲复兴开发银行为受惠国打造低碳经济和弹性经济而制定的战

① 《环境与社会发展政策（Environment and Social Policy）2014》。

略，核心内容包括提高能源和资源效率、发展循环经济、推动使用可再生能源、提升应对气候变化能力和增强气候弹性等。该文件于 2015 年正式发布，已成为欧洲复兴开发银行开展相关业务的原则性指导文件。

该文件是在国际社会应对气候变化、发展低碳经济、利用清洁能源共识不断深入的背景下产生的。欧洲复兴开发银行研究指出，中东欧和中亚国家的碳排放强度是欧盟标准的 5 倍，在转型过程中对气候变化的弹性是十分脆弱的。欧洲复兴开发银行计划到 2020 年，将 40% 的资金用于促进绿色发展的投资项目。

《绿色经济转型路径》与联合国可持续发展议程和《巴黎气候协定》所提出的目标相一致，并按照《欧盟最适用技术》（BAT）、《欧盟工业排放指导》（IED）、《最适用技术参考文件》（BREFs）、《欧洲联合污染防治》（EIPPC）等欧盟标准严格管理。在其发布的《“绿色经济转型路径”手册》中，从项目设计审批、执行监管和项目评价的全过程都作了全面系统的指导。

在项目立项上，强调既要突出多重环境益处，又要满足最低环境标准。项目类型包括减排、可再生能源利用、循环经济、增强气候弹性、提高能源资源利用效率和修复生态系统等；在资金来源路径上，提出了绿色经济转型商业模式，包括绿色投资和优惠贷款。为扩大融资规模，除银行自有资金外，还重视与气候投资基金（Climate Investment Fund）、欧盟、全球环境基金（Global Environment Facility）、绿色气候基金（Green Climate Fund）及受惠国政府和私营部门的合作；在技术服务上，银行会提供知识、数据、人才等方面服务，帮助受惠国政府制定帮助其进行绿色转型的相关政策、规划和行业标准，如绿色建筑标准、可再生能源利用、绿色城市规划等；在项目评价上，银行会协同各方对项目运行效果及对气候与环境产生的影响进行综合评估，如可再生能源使用情况、温室气体减排情况、节约用水及污水减排情况等。

《绿色经济转型路径》发布并实施以来，为受惠国应对气候变化、减排和推动绿色发展做出了卓有成效的贡献，受到项目所在国和国际社会的高度评价。截至2018年，投资的绿色发展项目已有1600个，融资总额达到300亿欧元，每年的碳减排量超过1亿吨。其中，埃及的太阳能发电项目、东欧的可持续交通项目和土耳其的废物排放最小化项目等成为其标志性项目。

目前，该行已在中东欧、中亚、中东和北非地区的38个国家和地区开展5200余个项目，涵盖能源、基础设施、金融、小微企业等多个领域，总投资额达到1300多亿欧元（见表1）。

表1　EBRD案例

国家	项目类型	环境类别	介绍
希腊	私有	B	该项目将执行环境与社会行动计划，涵盖现有建筑物、场地基础设施和公园的拆除的环境影响评估。这些研究评估了对于包括与人类健康、植物、动物、生物多样性、土壤、水、空气、气候和环境有关的缓解措施以及对文化遗产的影响。它们还包括了定义土地利用并建议缓解措施的空间规划。因此，需要雇用许多EHSS人员，同时制定政策和系统，其中包括针对健康和安全管理的企业ISO 45001认证以及针对项目的特定环境和社会管理系统（ESMS），以符合许可要求、国家法律和欧洲复兴开发银行的行为准则
约旦	私有	B	该项目是根据约旦的"惠灵法规"进行开发的，该法规允许消费者建立和租赁或拥有可再生能源工厂，并在必要时将它们连接到偏远地区的输电或配电系统，以产生电力消费。该项目是在欧洲复兴开发银行SEMED私人可再生能源框架（SPREF）下开发的，该框架耗资2.5亿美元，旨在为可再生能源的私人开发商提供资金，为SEMED国家的私人消费者提供电力

续表

国家	项目类型	环境类别	介绍
罗马尼亚	私有	FI	欧洲复兴开发银行投资了 1.25 亿先令（合 2600 万欧元），购买了由罗马尼亚商业银行（Banca Comerciala Romana）发行的首批高级非优先债券，作为总发行额 6 亿先令的一部分。这是继欧盟银行恢复和解决指令（旨在提高银行体系的健全性）实施之后，罗马尼亚和欧洲复兴开发银行经营所在国的银行首次发行的非优先债券。该项目还将通过参与在罗马尼亚发行创新资本市场工具来推动良好转型。此外，该项目正在通过 BCR 支持罗马尼亚的世界银行绿色经济转型方法，将欧洲复兴开发银行的资金用于资助符合 GET 资格标准的经认证的商业项目和住宅项目以及可再生能源项目
埃及	私有	无	该项目通过扩大私有可再生能源领域，支持扩大可再生能源在埃及能源结构中的渗透以及电力部门自由化的努力。该项目不位于敏感受体或保护区附近，对生物多样性和自然资源的使用影响最小
塔吉克斯坦	公有	B	主权贷款。第一阶段（已承诺），最高 300 万欧元，用于供水网络和泵站的恢复；第二阶段（未承诺），最高 450 万欧元，用于恢复和现代化。两项赠款均来自国际捐助者或欧洲复兴开发银行股东特别基金项目，目标：该项目将改善库洛布市的供水和废水处理服务
塞尔维亚	公有	B	向诺维萨德市提供债务融资，以资助能源效率的提升以及该市体育和商务中心 SPENS 的内部修复，并支持资产负债表的合理化。该项目通过减少碳足迹以及减少能源和水的消耗而带来的环境效益，促进绿色转型

资料来源：作者根据欧洲复兴开发银行网站发布信息整理。

注：环境类别

1. A 类：对环境、社会造成潜在的严重不利影响，且当下无法评估

2. B 类：对环境、社会造成潜在的不利影响，且当下能够通过减轻措施识别并评估

3. C 类：对环境、社会有可能造成或不造成不利影响

4. FI（Finacial Intermediaries）类：项目的金融结构包括通过金融调解人提供的资金

根据总报告提出的普适性、强制性、精准性和授权性的评估框架，欧洲复兴开发银行所有规则适用于其贷款项目的立项、运营和评估全

过程，普遍得到受惠国的认可和遵循，因此其规则具有很强的普适性、强制性、精准性和授权性。

三、对“一带一路”国际规则的启示

欧洲复兴开发银行共有69个成员国，其开展业务涉及中东欧、中亚、西亚近40个国家大多是“一带一路”沿线国家。欧洲复兴开发银行在制定和执行国际规则和标准中的经验做法对我们建立和完善“一带一路”国际规则具有如下启示：

（一）制定公正透明的标准和国别化、差异化政策

“一带一路”沿线国家在民族、宗教、政治体制等方面都存在巨大差异，政治环境、安全环境、营商环境等也不尽相同，欧洲复兴开发银行推出“转型指数”的经验表明，制定差异化的国别政策是十分必要的。在政策制定和实施过程中，要坚持规则的公平和透明。“转型指数”虽然带有意识形态色彩，强调民主、私有化和自由化等资本主义制度核心价值观，但指数从设计、统计、计算、发布、评估、修改等全过程都吸收各成员国专家参与，保证透明度，在项目立项和执行过程中，严格按照各国分数采取差异化的方法，保证公平性。

（二）规则力求全面客观

力求规则的全面客观，不仅要在制定初期采取科学方法，把规则中各项基本要素全部体现，也要根据环境变化及时修正调整。“转型指数”既有私营部门数量、占国内生产总值比重等定量分析，也有立法、政策改革、营商环境等定性分析，通过赋予各指标不同权重，科

学全面客观地反映一国的转型情况。《环境与社会政策》从政治、经济、文化、环境、人权等多方面对各项目提出了系统全面的要求，既符合各国发展利益，又与全球可持续发展目标高度契合。“转型指数”和《环境与社会政策》从发布至今的20多年，全球经贸形势和各国发展环境都发生了很大变化，相应的规则、政策、方法也随着环境变化及时调整。欧洲复兴开发银行“转型报告”每年发布一期，其中的“转型指数”也每年更新，行业和领域不断拓展完善。近年来随着各国转型程度不断深入，“转型报告”已不再发布综合性的转型指数，而是聚焦于“跨越中等收入陷阱”“政府治理”等细分领域。《环境与社会政策》自发布以来也经过了数次修订，不断修改和完善。

（三）遵循、完善和创新的有机统一

从欧洲复兴开发银行规则和政策制定过程看，他们既有对现有国际规则和通行做法的遵循，也有对不合理条款的修改完善，还有基于机构发展需要和特殊环境要求创新的规则做法。如，《环境与社会政策》中关于政治、人权、环境等方面的条款，很大一部分遵循《联合国人权宣言》《联合国气候变化公约》等联合国的规则文件以及欧盟颁布的一系列规则。如《环境与社会政策》第七条指出“欧洲复兴开发银行作为欧洲环境原则缔约方，承诺将在其投资的项目中推动欧洲环境原则、实践和实质性标准的实施，无论这些项目地理上是否位于欧盟范围内”。又如，“转型指数”的发布和《绿色经济转型路径》中关于多重环境益处的要求和在债务可持续方面关于融资方法的创新等。

（四）重视国际合作利用多方资源

开展国际合作是多边开发机构降低风险、加强政策协调的重要手段。欧洲复兴开发银行在各层级管理机构的设计、人才招募、规则政

策制定和项目实施过程中非常重视开展国际合作。在规则的制定和实施过程中十分重视与世界银行、国际金融公司等机构和受惠国政府和金融机构的国际合作，拓展融资渠道并降低金融风险。在规则和项目评估过程中十分重视委托第三方机构开展客观评价并听取完善建议。

执笔人：张　贺　邹彧翎

参考文献

[1] Environmental and social policy, European bank for reconstruction and development, 2014: 1 – 64. https: //www. ebrd. com/news/publications/policies/environmental-and-social-policy. html

[2] Green economy transition, European bank for reconstruction and development, 2018: 1 – 40. https: //www. ebrd. com/news/publications/special-reports/green-economy-transition. html

[3] Transition report, European bank for reconstruction and development, 2019: 1 – 120. https: //www. ebrd. com/news/publications/transition-report/transition-report – 201819. html

[4] 刘燕. 国际银行业公用事业融资的经验教训——以欧洲复兴开发银行为例. 上海金融，2016 (6)

专题报告六

国际货币基金组织对“一带一路”债务可持续性规则的启示

债务可持续性问题目前是共建“一带一路”的重点问题之一。共建“一带一路”的重要功能之一就是促进国际融资和投资，其目标与要义在于通过良好的融资和投资推动区域协调可持续发展①。但随着中国对外贷款的力度进一步加大，风险与挑战也不断凸显。重视和维护受援国的债务可持续性不仅对保护中国海外投资利益至关重要，而且直接关乎中国作为新兴援助国的国际声誉。“一带一路”债务规则研究具有迫切性。

一方面，沿线国家债务情况不容乐观，中国相应地承担了巨大的债务违约风险和持续融资压力。自“一带一路”倡议提出以来，中国已成为除国际货币基金组织（IMF）等多边债权方和以巴黎俱乐部为代表的双边债权方以外最主要的双边债权方，对沿线国家的投融资仅

① 财政部：《“一带一路”债务可持续性分析框架》. 北京，2019. [2019 - 12] http://www.mof.gov.cn/zhengwuxinxi/caizhengxinwen/201904/t20190425_3234663.htm.

银行贷款一项便已超过3000亿美元①。受历史因素、全球宏观经济走势和本国国情的影响，“一带一路”沿线国家债务有所加剧。IMF政府与对外债务统计数据显示，有9个“一带一路”沿线国家的对外存量债务占GDP比重超过80%（见表1）。这意味着中国的投融资面临较大风险，亟待发起建立符合沿线国家特点的债务可持续性评估体系，为相关投融资合作方提供指引②。

表1　　部分“一带一路”沿线国家的债务水平

序号	国家	总负债（亿美元）	总负债占国民总收入比值（%）	外汇储备占总负债比值（%）	公共债务（亿美元）	GDP（亿美元）	总负债占GDP比重（%）
1	蒙古国	23912	232.00	5.2	4506	11490	208.11
2	格鲁吉亚	15987	118.00	17.2	5907	15160	105.46
3	乌克兰	117983	127.80	12.4	36108	112150	105.20
4	吉尔吉斯斯坦	7876	125.30	22.8	3564	7560	104.18
5	哈萨克斯坦	163758	135.10	12.2	21426	159410	102.73
6	不丹	2348	113.80	48.0	2221	2510	93.55
7	亚美尼亚	9953	92.40	22.1	4469	11540	86.25
8	老挝	14160	93.10	6.0	7302	16850	84.04
9	摩尔多瓦	6595	92.00	33.4	1212	8130	81.12
10	塞尔维亚	29599	83.20	34.0	16274	41430	71.44
11	保加利亚	39657	76.40	59.7	10818	56830	69.78
12	白俄罗斯	37516	83.00	8.5	17987	54440	68.91
13	约旦	27126	70.70	51.7	12558	40070	67.70
14	马其顿	7383	70.70	33.8	3473	11340	65.11
15	阿尔巴尼亚	8437	71.00	36.2	3572	13040	64.70

① 熊婉婷，常殊昱，肖立晟：“IMF债务可持续性框架：主要内容、问题及启示”，《国际经济评论》2019年第4期，第44～62+5页。

② 温灏，沈继奔：“‘一带一路’投融资模式与合作机制的政策思考”，《宏观经济管理》2019年第2期，第54～61页。

续表

序号	国家	总负债（亿美元）	总负债占国民总收入比值（%）	外汇储备占总负债比值（%）	公共债务（亿美元）	GDP（亿美元）	总负债占GDP比重（%）
16	马来西亚	200364	69.60	46.5	65721	314500	63.71
17	黎巴嫩	31961	67.90	135.6	27222	51840	61.65
18	波黑	10958	65.80	45.9	4234	18170	60.31
19	黑山	2707	64.00	31.3	2415	4770	56.75
20	斯里兰卡	46608	59.00	11.1	29725	87170	53.47
21	土耳其	405656	47.80	22.7	107244	851100	47.66
22	柬埔寨	10230	54.40	82.0	5647	22160	46.16
23	罗马尼亚	95888	52.90	37.7	32722	211800	45.27
24	越南	86953	45.60	42.0	48038	223860	38.84
25	阿塞拜疆	14085	39.80	41.4	10518	40750	34.56
26	乌兹别克斯坦	16283	23.80	—	7434	48720	33.42
27	俄罗斯联邦	524686	42.00	60.5	180906	1577520	33.26
28	印度尼西亚	316431	35.10	35.9	177067	1015540	31.16
29	埃及	67214	20.00	31.0	51256	235370	28.56
30	泰国	121497	31.40	136.8	23193	455220	26.69
31	马尔代夫	1155	35.50	41.4	898	4600	25.11
32	菲律宾	77319	21.10	95.0	33395	313600	24.66
33	巴基斯坦	72698	24.10	27.0	51600	304950	23.84
34	印度	456140	20.40	74.8	166883	2597490	17.56
35	尼泊尔	4251	19.70	199.9	3623	24470	17.37
36	孟加拉国	41126	17.60	77.3	28650	249720	16.47
37	阿富汗	2404	12.20	269.4	1922	20820	11.55
38	伊朗	5378	—	—	667	439510	1.22
39	土库曼斯坦	509	1.50	—	236	42360	1.20
40	叙利亚	4394	—	—	3498	—	—
41	也门	7066	26.00	—	6323	—	—

资料来源：温灏，沈继奔：“‘一带一路’投融资模式与合作机制的政策思考”，《宏观经济管理》2019年第2期，第54~61页。

另一方面，“一带一路”沿线国家债务可持续性现状亟待厘清。随着中国在沿线国家影响力的加大，有关中国贷款损害沿线国家债务可持续性的批评甚嚣尘上，甚至影响了部分“一带一路”项目的开展。因此，中国亟须加强“一带一路”债务问题和开发性金融的相关研究，系统地研究应如何识别、管理和防范“一带一路”沿线国家的债务风险[①]。

20 世纪 90 年代中期以来，在应对发展中国家债务问题的过程中，围绕主权债务管理和债务可持续性问题，国际债务治理体系形成了一套规则和行为规范。主要包括债务评估和监督框架、债务条件性规范和债务风险应对规范。国际上最为权威和广泛应用的主权债务风险评估方法是由 IMF 和世界银行开发的债务可持续性分析（Debt Sustainability Analysis，DSA）和债务可持续性框架（Debt Sustainability Framework，DSF）。因此，本文主要介绍 IMF 的债务可持续性相关规则，并在此基础上评估规则，探讨其对“一带一路”的启示。

一、IMF 债务可持续性规则提出的背景

关于债务可持续性，没有统一的定义。根据 IMF 和国际开发协会（IDA）的定义，债务可持续性是指，在债务产生后的一段时间内，借款国不需要对本国收支做重大调整就能够稳定地支付本金和利息的一种状态。如果债务负担过重，超出了该借款国还本付息的能力，那么

① 熊婉婷，常殊昱，肖立晟：“IMF 债务可持续性框架：主要内容、问题及启示”，《国际经济评论》2019 年第 4 期，第 44 ~ 62 + 5 页。

该国债务就是不可持续的[①]。

国际层面的债务可持续性问题主要是针对主权债务提出来的。主权债务是一个国家以本国主权为担保向外借来的债务。借债方可以是国际货币基金组织、世界银行等国际经济组织，也可以是其他主权国家。20 世纪 80 年代，发展中国家普遍出现了主权债务危机，国际社会为解决这个问题作出诸多尝试。但不论是国际救助、借债偿债，还是减债、债务重组都治标不治本，关键是要通过谨慎的再融资和债务管理，在发展资金需求和债务的可持续性之间谋求平衡。债务可持续性原则正是在此背景之下，作为国际经济金融治理的一项原则目标、一种工具手段被提上国际议程并开发出来的。

（一）发展中国家债务危机凸显债务可持续性问题

第二次世界大战结束后很长一段时间里，大多数的增长和发展理论都认为新独立的发展中国家无法动员足够的储蓄，难以实现高积累和高增长，因此，十分强调资本和投资对新独立发展中国家的重要性。在主流发展经济学的影响下，很多发展中国家都采取了“负债发展”的战略[②]，对外部资本和投资的依赖性很强[③]。1982 年 8 月，第三世界第二大借款国墨西哥宣布无力按期偿付外债，请求国际贷款援助、还款延期和债务重新安排，由此引发了拉美债务危机和持续 10 年之久的

---

①　Prepared by the Policy Development and Review Department, International Monetary Fund. Assessing Sustainability. 2002. ［2019 - 12］ https://www. imf. org/external/np/pdr/sus/2002/eng/052802. pdf. 欧洲债务和发展网络（Eurodad）认为 IMF 的概念偏于狭隘，仅限于经济意义上的理解。该组织认为应该从更广泛的层面来解释可持续主权债务，包括经济学、社会学、生态学角度。参见，Eurodad. To repay or to Develop? Handbook on Debt Sustainability. From the European Network on Debt and Development . 2006. ［2019 - 12］ https://eurodad. org/uploadedfiles/whats_ new/reports/eurodad%20debtsustainabilityhandbook. pdf.

②③　李若谷：“正确认识发展中国家的债务可持续问题”，《世界经济与政治》2007 年第 4 期；宋微：“关于 IMF 对发展中国家融资支持的分析”，《海外投资与出口信贷》2017 年第 3 期。

发展中国家债务危机，极大地冲击了国际金融体系。

作为维护国际货币和金融稳定的多边机构，IMF 的工作重点之一就是防范和化解危机。它同作为债权人的西方发达国家一道实施了一系列“救债行动”，合作搭建了减债平台：由 IMF 负责帮助借款国设计财政紧缩政策；由“巴黎俱乐部”负责非债券类的官方债务重新安排；商业银行债务的重新安排则由“伦敦俱乐部”负责。上述方案的主要思路还是“借债还债”。

“布雷迪计划”等救债计划出台后，IMF 和世界银行也调整思路，开始推动债务减免，先后发起了“重债穷国减债计划”（Heavily Indebted Poor Countries Initiative，HIPC Initiative）和“多边减债计划”（Multilateral Debt Relief Initiative，MDRI Initiative）。西方国家和国际组织实现了从“借债还债”到“削减债务”的治理模式转变。

然而，不论是债务重新安排还是减债，债务违约发生后的被动补救措施都不足以从根本上避免债务危机，增强债务可持续性。主权债务危机主要的根源在于借款国不恰当的债务管理，因此，在债务违约发生前即对借款国的主权债务展开合理管理是实现债务可持续的真正有效的途径①。

（二）作为目标原则和分析工具的债务可持续性

发展中国家债务危机过去之后，债务可持续性作为一种目标原则、一种具体的债务评估工具得到了巩固、夯实与发展完善。良好债务管理的重要性在“千年宣言”（the Millennium Declaration）、“蒙特雷共识”（Monetary Consensus）等国际倡议，以及“阿克拉协定”

① UNCTAD，External debt sustainability and development（A/69/167）2014，[2019－12]. https：//unctad. org/meetings/en/SessionalDocuments/a69d167_ ch. pdf.

（Acca Accord）等国际协议中不断凸显。

一方面，债务可持续是一个目标原则。千年宣言“目标三”特别“决定以全面且有效的方式解决中低收入发展中国家的债务问题，实现债务可持续性管理和减贫目标”。千年发展“目标8D”强调应“综合性地”处理发展中国家的债务问题，以国内、国际措施综合地保障债务的长期可持续性。联合国大会“第65/1（2010）号决议”也明确指出，保障长期债务可持续性的主要路径应包括债务融资、债务减免、债务重组三方面的努力[①]。

另一方面，可持续性分析、评估与监测是主权债务管理的一种有效方式。大多数发展中借款国都缺乏自主、有效的债务评估系统。针对这个问题，IMF 高级经济学家 Christina Daseking 于 2002 年提出了“三步走”方案：①综合评估本国债务现状，并与本国偿付能力做动态比较；②分析当产生外部冲击时，本国债务会发生什么变化；③展开债务可持续性压力测试，分析上述变化造成的直接结果是否会间接削弱本国的支付能力[②]。

2002 年，IMF 和世界银行在 Christina Daseking“三步走”方案的理论基础上提出了债务可持续性分析方法（DSA），用来配合 HIPC 和 MDRI 评估借款国的公共和外部债务风险、识别其债务系统中脆弱性的来源，并将这些评估结果作为是否将该借款国选入减债计划的标准。在 DSA 中，“债务可持续性”被定义为一个国家在给定融资状况不变和不进行大幅度收入和支出调整的情况下，具备的偿还主权债务的能力。脆弱性是与债务可持续性高度相关的指标，主要指发生流动

---

① UN Assembly，Keeping the promise：united to achieve the Millennium Development Goals（A/RES/65/1）），2010［2019－12］. https：//undocs. org/en/A/RES/65/1.

② Chrisina Daseking，Debt：how much is too much? Finance and Development，2002，39，(4).

性或违约性债务危机的风险大小[①]。

2005 年，为了对各借款国展开更具针对性的分析，IMF 和世界银行在 DSA 方法的基础上开发了两套债务可持续性分析框架，一是低收入国家债务可持续性框架（Debt Sustainability Framework for Low-Income Countries，LIC-DSF），二是市场准入国家债务分析（Debt Sustainability Analysis for Market-Access Countries，MAC-DSA）（见表 2）。

表 2　　基于 DSA 的债务可持续性分析框架

两套框架	低收入国家债务可持续性分析框架 LIC-DSF	市场准入国家债务分析框架 MAC-DSA
适用对象	有资格同时获得扶贫发展信托（PGRT）资助和国际开发协会（IDA）资助的所有国家	能从国际资本市场获得持久的、充分的融资市场准入国家
两类国家的区别	低收入国家	市场准入国家
收入水平	低	高
本国金融体制发展状况	不够健全	相对健全
对双边或多边优惠贷款的依赖程度	高	低
还款周期和项目投资回报周期	长	短
受汇率出口等外部冲击影响概率	高	低
持久稳定的外部市场融资	难	易

资料来源：熊婉婷、常殊昱、肖立晟：“IMF 债务可持续性框架：主要内容、问题及启示”，《国际经济评论》2019 年第 4 期。

DSF 的主要目标是帮助各国在寻求发展资金和维持债务可持续性之间保持平衡，以实现可持续发展。它有两大决策辅助功能。一是支持债权方评估贷款项目可能存在的风险，并帮助债权方制定贷款和放款方案。二是帮助各国制定借款政策，引导借款国在经济发展和财政

① IMF，Assessing Sustianablity，2002 [2019 - 12]，https：//www. imf. org/external/np/pdr/sus/2002/eng/052802. htm.

金融稳定之间谋求平衡，以保证发展的稳定性。

LIC-DSF 和 MAC-DSA 尽管在债务类型、债务负担指标的选择、评估时间尺度等很多方面有所不同，但两个框架的基本理论逻辑并无太大差异。对未获债务减免的国家，IMF 主要使用 LIC-DSF 来监控各国的各项债务指标，作为确定债务减免资格的标准[①]。为匹配“一带一路”相关债务分析，本文将主要关注 LIC-DSF 这一分析框架。

2006 年、2009 年、2012 年和 2017 年，IMF 先后对 LIC-DSF 进行了四轮梳理、评估、调整。2009 年主要是提升了 LIC-DSF 的适用性和灵活性。2012 年则在确认 DSF 能发挥实际作用的前提下，关注 DSF 针对低收入国家环境变化的适应性，更多地讨论技术细节。这些细节包括：调整不同资本构成的计算权重，照顾外汇流入较多的国家；加大对公共债务和财政失衡问题的分析；增加债务风险评级，以弥补外部公共借款、国内公共债务以及私人外部债务分析的不足；设计一些方法，以充分评估陷入债务危机国家的独特政治经济状况；研究如何充分发挥债务可持续性分析方法的作用。

2013 年 10 月 4 日，IMF 和世界银行联合发布《关于低收入国家外债分析使用统一折现率的报告》，重新制定了优惠度规则。2014 年 12 月，IMF 执行董事会又批准了新的公共债务限制政策，规定在 IMF 指导的所有基金支持计划里，对受益国实施公共债务限制。这项政策在 2015 年 6 月 30 日正式生效。

2017 年 9 月，IMF 执行董事会审查了 LIC-DSF，并要求通过改革

---

① 熊婉婷，常殊昱，肖立晟：“IMF 债务可持续性框架：主要内容、问题及启示”，《国际经济评论》2019 年第 4 期，第 44 ~ 62 + 5 页。

来调整、更新框架，使其更加全面。新的框架已于2018年7月引入①。根据新框架，债务可持续性分析报告中增加了新的内容，包括项目回报率、产业结构、宏观经济约束等指标以及对一国人均GDP增长率和全要素生产率的综合分析。截至2019年9月30日，IMF与世行已更新了69个低收入发展中国家债务可持续性评估结果②。

二、IMF债务可持续性规则的主要内容

为了构建、增强发展中国家的债务可持续性，IMF和相关国际机构合作，开发并推广了债务可持续性评估方法与工具、调整完善贷款机制，并致力于推广主权债务信息披露标准、财政透明规范、债务管理有效方法，推动构建国际债务重组机制。在这个过程中，逐渐形成了一套以LIC-DSF为必要条件和关键基础的债务可持续性治理规则③，具体包括债务评估和监督规则、债务条件性规范、债务风险应对规则。

（一）债务评估与监督规则

DSA和LIC-DSF是IMF对中低收入国家融资贷款的前提和决策基础，也是实施贷款之后，IMF用以长期监测借款国宏观经济运行、评估债务风险以随时调整借贷政策的主要手段。

---

① IMF. Debt-Sustainability-Framework-for-Low-Income-Countries，［2019－12］https：//www. imf. org/en/About/Factsheets/Sheets/2016/08/01/16/39/Debt-Sustainability-Framework-for-Low-Income-Countries. IMF. 2018 Annual Report，［2019－12］. https：//www. elibrary. imf. org/view/IMF011/25305－9781484373453/25305－9781484373453/25305－9781484373453. xml? language＝en&redirect＝true.

② IMF. Debt Sustainability Analysis Low-Income Countries［EB/OL/［2019－12］https：//www. imf. org/external/pubs/ft/dsa/lic. aspx.

③ Juan Pablo Bohoslavsky，Matthias Goldmann，An Incremental Approach to Sovereign Dbet Restructuring：Sovereign Debt Sustainability as a Principle of Public International Law. the Yale Journal of International Law Oline，2016，Vol. 41：2.

正如前文所述，DSA 和 LIC-DSF 既有联系又有区别。LIC-DSF 是在 DSA 基础上建立的一整套分析框架，主要目的是协助、指导低收入国家的贷款决策，以平衡它们的资金需求与偿债能力，并不涉及具体的数据测算。DSA 则是在 DSF 这个综合框架之下，针对每一个低收入国家做出的具体量化评估，是一种分析工具。

1. 债务可持续性分析（DSA）

债务可持续性分析（Debt Sustainability Analysis，DSA）是 IMF 在贷款决策和经济政策监督过程中使用的定量方法，主要评估一国政府在现行宏观经济政策下能否维持一定的中长期债务水平，又不至于出现违约风险，评估内容主要是该国的公共债务可持续性，包括中央政府、地方政府和国有企业债务以及该国的对外债务可持续性。

评估流程包括两个步骤。第一，预测该国宏观经济各主要方面的指标变动趋势，以此预估未来数年内该国负债率等债务指标的变化。如果债务指标保持在相对合理的区间内，没有大幅波动，该国的债务就具备一定的可持续性。第二，对债务指标展开敏感分析。即在可能出现的不同负面情景下，分析宏观经济指标变量的变化，比如经济增长率、利率、汇率、财政余额、经常账户余额等，并分析这些指标变量变化对该国债务水平的影响[①]。

2. 低收入国家债务可持续性分析框架（LIC-DSF）

在 LIC-DSF 框架下，一国债务可持续性（外部债务风险的大小）主要取决于该国外债负担比率和债务负担警示性阈值的对比结果。根据 2017 年最新修订的 LIC-DSF，债务可持续性评估路径如下（见图 1）。

---

① 伍戈：“对国际货币基金组织宏观经济分析框架的思考”，《国际经济评论》2009 年第 6 期，第 29～33 页。

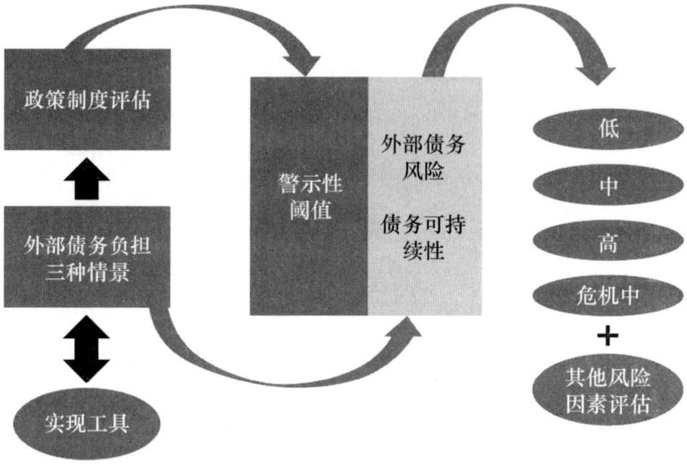

图1　IMF 债务可持续性评估路径

注：WB，IMF，Review of the Debt Sustainability Framework for Low Income Countries：Proposed Reforms，2017.

资料来源：作者根据公开资料整理。

其中有4个关键的分析要素。

（1）债务负担指标。即一国所面临的还款压力与其还款能力的比值，包含4个分指标（见表3）。还款压力主要通过外部公共债务（Public and Public Guaranteed External Debt，PPG 外债）来考察。PPG 外债是政府和由政府担保的外部债务，中国对“一带一路”沿线国家的贷款就主要采用了这种形式。通常来说，PPG 外债是低收入国家债务的最重要组成部分，同时也是最大的风险来源。还款能力则主要通过 GDP、商品与服务出口、财政收入等来考察。一国债务负担指标的数值高，意味着其债务风险高，债务可持续性低。反之亦然。

（2）警示性阈值。警示性阈值的高低取决于政策制度水平、外汇储备、经济增长状况等，主要采用世界银行的制度和政策水平评估（Country Policy and Institutional Assessment，CPIA，亦称政策执行力指标）来分析，与债务可持续性正相关，与发生债务危机的可能性呈负相关（见表4）。

表 3　**债务负担指标的内涵**

违约风险指标/债务存量指标	
PPG 外债现值/GDP	比较债务负担与财力基础
PPG 外债现值/商品与服务出口	比较国家债务负担与创造外汇收益的能力。如果给定利率，债务/出口比率持续上升，则意味着外部公共债务增长的速度超过了外部收入的速度。这个指标更加准确，但波动性更大（考虑到出口的价格波动性），也不全面（因为有的国家可能有其他更重要外部收入来源，比如汇款）
流动性风险指标/债务流量指标	
PPG 外债还本付息额/商品与服务出口	显示一国的出口收入中有多少用于偿债，可反映债务偿还额在多大程度上受出口意外下降的影响。该指标能够反映出拥有大量短期债务的国家所面临的债务脆弱性。短期负债占总负债的比重高，每年偿债额受影响的程度就大
PPG 外债还本付息额/财政收入	显示一国的财政收入中有多少用于偿债，可反映债务偿还在多大程度上受财政收入波动的影响

资料来源：熊婉婷、常殊昱、肖立晟，2019①。

表 4　**IRAI 分值区间对应的 CPIA**

IRAI 分值区间	CPIA
[0.00，3.25]	弱
[3.25，3.75]	中
[3.75，6.00]	强

资料来源：赵旸：“低收入国家债务可持续性框架及其在国家风险管理中的作用”，2016 年。

（3）宏观经济和融资状况假设。即对一国未来经济走向预测。LIC-DSF 中考虑的经济情景包括基础情景、历史情景以及压力测试三类。基础情景是被认为最有可能出现的经济发展路径；另有一套检验工具用以评判这种假设的可靠性。历史情景将关键变量的取值设为历

① IMF, Staff Guidance Note on the Application of the Joint Bank-fund Debt Sustainability Framework for Low-income Countries, [2019 - 12] . http: //www. imf. org/en/Publications/Policy-Papers/Issues/2016/12/31/Staff-Guidance-Note-on-the-Application-of-the-Joint-Bank-Fund-Debt-Sustainability-Framework-PP4827/ .

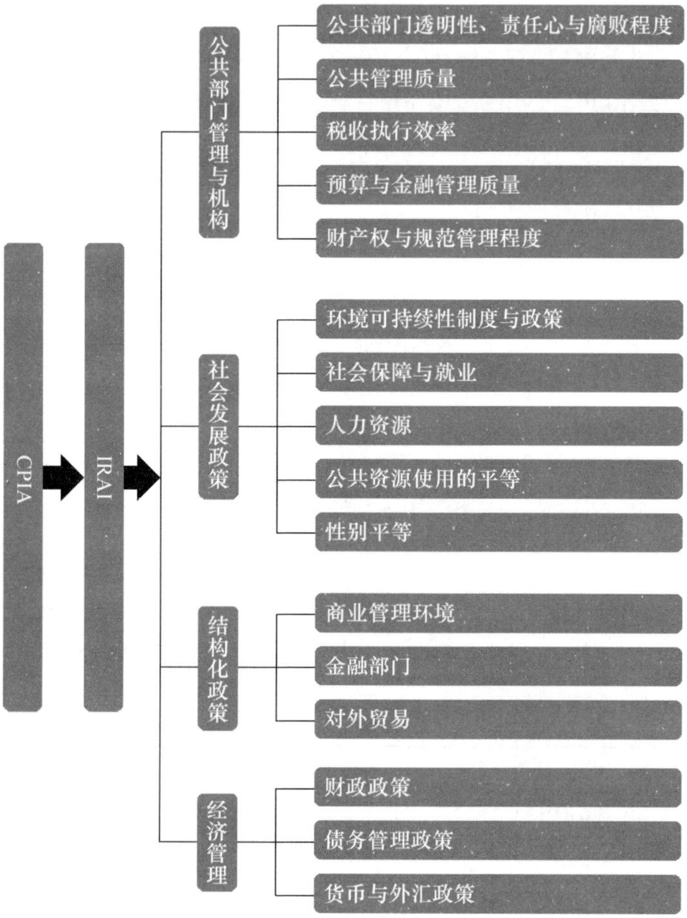

图 2　制度和政策水平评估的指标内涵

史平均值，目的是反映所分析国家的结构性经济特征，并作为检验基础经济场景真实性的关键参照之一。压力测试是在基础经济场景的假设之上对特定变量的取值进行暂时性冲击，以研究不同负面经济冲击对债务负担指标轨迹的影响。在所有压力测试中，债务负担指标最大的压力测试被称为最极端的压力测试，对应的是对借款国影响最大的负面经济冲击。包括 GDP 增长下降、财政盈余减少、货币贬值等①。

① 赵旸："低收入国家债务可持续性框架及其在国家风险管理中的作用"，《中国发展观察》2016 年第 16 期，第 55～57 页。

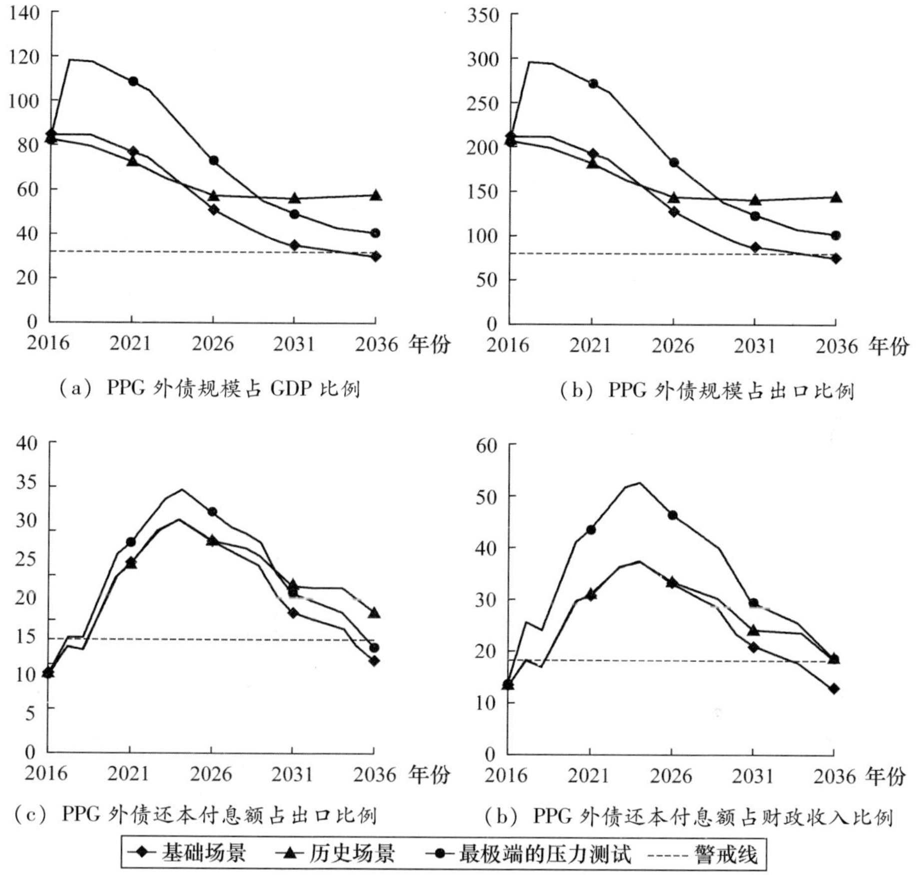

图 3　DSA 方法分析结果的一个示例

资料来源：熊婉婷、常殊昱、肖立晟，2019。

（4）外部债务风险评级。将不同情景下外部债务负担指标与指示性阈值相比较，可以得出一国外部债务风险的水平，了解其债务可持续性高低。具体来说，一国陷入债务困境的风险分为四类：低风险、中等风险、高风险、已陷入债务困境（见表 5）。

进而，通过讨论不同负面经济冲击对债务负担指标的影响，还可识别债务脆弱性的来源。

IMF 主要是从规模管理的角度考察发展中国家的债务可持续性：如果借款国的举债规模会威胁到该国的债务维持，就不应执行这种

表 5　　外部债务风险评级

外部债务风险	基础情景	压力测试中最为极端的情景
低	所有 PPG 外部负担指标均低于警戒线	所有 PPG 外部负担指标均低于警戒线
中	所有 PPG 外部负担指标均低于警戒线	至少一个 PPG 外部负担指标超过警戒线
高	任一 PPG 外部负担指标超过警戒线	
危机中	正在进行债务重组谈判或已拖欠外部债务	

资料来源：熊婉婷，常殊昱，肖立晟，2019。

举债策略；如果超出该国负债能力的举债有助于实现经济增长的目标，就可以考虑通过赠款而不是贷款的方式实现。从这个角度看，正确的举债战略至关重要，举债战略过于进取，可能导致未来的偿债困难，举债战略过于保守，则会限制资金流入、阻碍经济发展。利用 LIC-DSF 确定一个合理的举债规模、制定最优举债战略可能是借款国较好的选择。

（二）债务条件性规范

IMF 为贷款援助设置了很多条件，尤其是借款国承诺结构性改革。借款国必须按照 IMF 的要求调整其相关政策，以解决那些导致其资金短缺和财政困难的根本性问题。尽管 IMF、世界银行等国际金融机构都未对“条件性”做正式的界定，一般认为，贷款条件是指 IMF 希望成员国按照本组织协定的宗旨和条款的方式利用贷款而应遵循的政策①。

① 缪心毫：“世界银行与国际货币基金组织贷款交叉条件的法律分析”，《现代法学》2010 年第 5 期，第 104 ~ 111 页。

可以说，贷款条件（loan conditionality）是IMF金融援助的核心要件。一方面，它是IMF监督借款国经济、财政金融和债务政策的主要参照系；另一方面，它也是成员国偿还贷款能力的重要保证。IMF为贷款设置条件的组织习惯、决策方式、制度实践共同构成债务条件性规范，是其影响发展中国家经济政策的主要途径[①]。

从内容上看，债务条件性规范和债务可持续性相互关联。一方面，为债务设置条件的最终目标是保障债务的可持续性，另一方面，具体设置什么条件、什么指标、什么放款流程，又以债务可持续性分析的评估结果为依据。IMF不仅将债务可持续性分析作为向发展中国家贷款的程序性前提，也将分析的结果作为改革建议的参照。

1. 以DSF评估结果作为减债资格判定标准

在LIC-DSF框架下，包括IMF在内的很多国际金融机构设定了债务存量、偿债能力、指导性债务负担门槛等评估指标，将低收入国家债务风险分为低度、中度、高度和陷入债务困境四个等级，以此作为借款国能否获得债务减免和未来举债资格的依据，为借款国制定指导性的借款水平上限。

以重债穷国倡议为例。通过DSF是一国达到“决策点”（Decision Point）、获得减债资格的必要前提。对于没有达到“决策点”，不能获债务减免的国家，IMF使用LIC-DSF来跟踪监控其债务指标，据此确定其是否有资格获得债务减免。

当然，在通过债务可持续性分析之后，一国还须满足三个条件才能达到“决策点”。第一，符合国际开发协会（International Develop-

① 廖凡：“比较视野下的亚投行贷款条件研究”，《法学杂志》2016年第6期，第22～30页。

ment Association，IDA）软贷款条件[①]，同时符合获得 IMF 减贫增长贷款（Poverty Reduction and Growth Facility，PRGF）的条件[②]。第二，在动用了诸如巴黎俱乐部协定下那不勒斯条件的全部传统债务减免机制之后，债务负担仍然过重、债务不可持续。第三，具备良好的改革和政策记录，并已出台包含社会改革因素的减贫增长战略文件（Poverty Reduction Strategy Paper，PRSP）[③]。一国在满足上述条件后，经 IMF 和世界银行执行董事会的批准可达“决策点”，获得债务减免资格。

2. DSF 构成贷款安排“前置条件”的基础

IMF 贷款一般采用“备用安排”（Stand-by Arrangement）的方式。在备用安排中，债务条件性规范主要体现在“实施标准”（Performance Criteria）上。实施标准由第四条磋商中的“前置条件”转化而来，而“前置条件”主要是 IMF 职员在使用 DSF 评估成员国经济财政状况后提出的政策调整和改革建议。

根据 IMF《贷款条件指南》第五条，备用安排应该包含适当的磋商条款，IMF 成员国应根据磋商条款与 IMF 工作人员展开定期或不定期磋商[④]。磋商过程中，IMF 工作人员一般采用 DSF 对成员国的经济发展状况做出评估，并提出政策调整或改革建议。这些评估和建议应

① 主要有三个条件：一是相对贫穷，目前的标准为人均国民生产总值（GNP）低于 1025 美元；二是缺乏按照市场利率借款的资信，因此需要依靠优惠贷款支持社会发展项目；三是良好的政策表现，即实施了促进增长和减少贫困的经济、社会政策。目前共有 81 个国家符合条件。

② 该资格的确定以国际货币基金组织对一国人均收入的评估为基础，与世界银行优惠借款资格认定标准接近，目前共有 78 个国家符合该资格。

③ 减贫增长战略文件由世界银行和国际货币基金组织参与制定，其中规定了当事国应当实施的减贫增长项目。

④ IMF，Guidelines on Conditionality，2019［2019 - 12］. https：//www. imf. org/external/SelectedDecisions/Description. aspx？ decision = 12864 - （02/102）. 2002 年以及更早的版本参见，https：//www. imf. org/External/np/pdr/cond/2002/eng/guid/092302. htm.

体现在磋商后形成的“第四条磋商报告”中[①]，作为IMF向该成员国提供备用安排贷款的“前置条件”。一旦该成员国寻求IMF贷款，并与IMF展开借款谈判，第四条磋商报告中的改革建议就会转化为备用安排中的实施标准，其执行进展将成为IMF执行董事会对该成员国贷款决策的重要依据[②]。

综上所述，以DSF为主要依据的第四条磋商和实施标准是IMF贷款决策的重要依据和监督发展中成员国经济状况的[③]重要途径。考虑到IMF的贷款是分阶段提款制，其作用在作出贷款决策后会继续存在。以重债穷国倡议为例，在达到“决策点”，获得初步的临时性减债之后，要获得持续的减债以至全额的、不可撤销的债务减免，重债穷国还必须在IMF和世界银行的监督下继续执行“实施标准”直至达到“完成点”。

实施标准是检验政策调整与改革项目是否顺利的标志，因而构成整个备用安排的核心。基于此，IMF可随时掌握借款国是否进行了其他举债，一旦认定借款国违反意向书（Letter of Intent）[④]规定，即可对

①③　根据IMF《协定》第四条，IMF通常每年与成员国进行双边讨论。具体要求参见《国际货币基金组织协定》，https：//www. imf. org/external/chinese/pubs/ft/aa/index. pdf。具体做法是一个工作人员小组访问成员国，收集经济与金融信息并与该国官员讨论经济发展情况和政策。回到总部后，工作人员准备一份报告，该报告构成执行董事会讨论的基础。在讨论结束时，总裁作为执行董事会主席总结执行董事们的观点，这份总结转给该国当局。中国外债分析并没有使用DSF，但在分析公共部门债务时采用了该框架。2010年7月6日，IMF和中国联合公布了《2010年第四条磋商工作人员报告》，报告中采用DSF对中国公共部门债务做了可持续性分析，此后也延续了这种做法。目前，中国和IMF已完成2019年度第四条磋商。磋商报告参见，http：//imgcdn. yicai. com/uppics/files/2019/08/637012214983413037. pdf.

②　李若谷：“正确认识发展中国家的债务可持续问题”，《世界经济与政治》2007年第4期，第63－72＋5页；宋微：“关于IMF对发展中国家融资支持的分析”，《海外投资与出口信贷》2017年第3期，第26～30页。

④　成员国发生国际收支困难时，通常会启动与IMF的融资协商过程。由借款国所在的IMF地区分部草拟一份援助计划提案，经IMF总裁同意后，派遣一个由4～6位经济学家组成的工作小组与借款国展开磋商和谈判，如果谈判顺利，借款国将签署一份意向书（Letter of Intent），意向书的中心内容是借款国必须进行的政策调整，以及客观反映政策实施情况的绩效标准。

其实施惩罚措施。尽管意向书和备用安排都不是国际协定，不具备强制力，但这并不意味着它们没有事实上的约束力。由于 IMF 在国际经济及金融领域的权威性，其行为的“波纹效应”将传导至其他债权方。如果借款国无故不履行备用安排中的实施标准，不仅 IMF 将中止发放以后各期的贷款，世界银行等其他国际经济组织、国际商业银行以及各国政府也可能考虑停止对该国的借款[①]。

所以，在贷款磋商和实施贷款的整个流程中，基于 DSF 制定的备用安排和实施标准起到了关键的作用。

（三）债务风险应对规范

除了将 DSF 分析用于减债资格判定和贷款安排实施标准以外，IMF 还根据 DSA 评估结果确定是否要求借款国实施公共债务限制，以及应以何种方式援助已经陷入危机的国家。

1. 依据 DSA 确定是否要求限制公共债务

公共借款计划是一个国家财政框架的组成部分，因此也是该国宏观经济政策框架的组成部分；公共借款计划要与债务持续兼容，因此可用的借款空间取决于债务脆弱性的程度。依据债务可持续性分析的结果，IMF 会确定受援国借入外债的政策。当一国经债务可持续性分析被定为具有显著的债务脆弱性时，就应当使用公共债务限制（Public Debt Limit）。

2014 年 12 月，IMF 执行董事会批准了在 IMF 贷款安排中使用公共债务限制的新指导原则，用以指导设置公共债务限制条件。该文件

① 李若谷：“正确认识发展中国家的债务可持续问题”，《世界经济与政治》2007 年第 4 期，第 63 ~ 72 + 5 页。宋微：“关于 IMF 对发展中国家融资支持的分析”，《海外投资与出口信贷》2017 年第 3 期，第 26 ~ 30 页。

于2015年6月30日生效①。

与原政策比较，新政策债务限制的范围从外部公共债务进一步扩大到全部公共债务。对外部公共债务的限制扩展到了各种不同优惠度的债务，包括优惠贷款、非优惠贷款、对外发行的债券和其他债务债权的净值。对公共债务和公共担保债务（PPG）、公共外部债务、公共债务的子项指标也都设立了债务限制。文件还规定，在特定情况下，可对财政预算、税收收入设限（见表6）。

债务限制的操作方式比较灵活，既可以对上述项目指标的名义值或现值设限，也可以对上述项目指标的存量或增量设限，这主要依一国国家制度现状和举债计划的实施情况来决定。具体限制方式也有两种。一种是对上述项目设置业绩指标（PC），如果借款国没有达到公共债务条件的业绩指标，那么IMF将可能中断对该国的贷款支持。另一种是设置指导性目标（IT），指导性目标比业绩指标宽松，如果借款国没有达到指导性目标，IMF可能不至于中断放款②。

针对不同对象，IMF也会采用不同的债务限制形式，一种是针对依赖官方外部优惠融资的国家，另一种是针对不依赖官方外部优惠融资的国家。中低收入国家主要适用后者。

2. 依据DSA确定受援国借入外债的政策

除了减债以外，IMF主要通过援助贷款和债务重组两种方式为陷入危机的国家提供援助，帮助其重塑债务可持续性。成员国向IMF提交援助申请后，IMF会优先使用某项或多项贷款工具为受援国提供普

---

① IMF, Public Debt Limits in IMF-Supported Programs, 2015 [2019-12] https://www.imf.org/external/np/spr/2015/conc/index.htm.

② 王加春：“IMF债务可持续框架的影响与评价”，《开发性金融研究》2017年第6期，第71~80页。

表 6　　通常依赖官方外部优惠融资的国家债务限制形式

		债务监测质量低	债务监测质量高	
			有限的金融融入	与国际资本市场有重大联系
外部债务困境风险	高度风险	对名义外部非优惠借款设置业绩指标 把名义外部优惠借款列入备忘录 如有必要，对国内借款设置目标	对名义外部非优惠借款设置业绩指标 对名义外部优惠借款设置业绩指标或指导性目标 如有必要，对国内借款设置目标	对名义外部非优惠借款设置业绩指标 对名义外部优惠借款设置业绩指标或指导性目标 如有必要，对国内借款设置目标
	中等风险	对名义外部非优惠借款设置业绩指标 把名义外部优惠借款列入备忘录 如有必要，对国内借款设置目标	对新外部债务的现值设置业绩指标 如有必要，对国内借款设置目标	对名义公共债务设置业绩指标
	低风险	如有必要，债务限制的设计将因国而异		

资料来源：王加春：“IMF 债务可持续框架的影响与评价”，《开发性金融研究》2017 年第 6 期。

通贷款。在贷款总额超过普通贷款上限之后，IMF 会对受援国展开债务可持续性分析，如果受援国债务可持续性高并且同时能满足其他一些条件，IMF 将倾向于提供特殊贷款；如果受援国债务可持续性低，IMF 可能会要求该国重组债务。2003 年，IMF 执委会通过一项决定，允许成员国在开展债务重组的同时获得 IMF 的贷款，但贷款仅限于普通贷款，仅在少数特殊情况下可以突破普通贷款的额度。换言之，IMF 可以将贷款和债务重组两种方案结合使用。

就援助贷款而言，债务重组是“预防危机”“解决危机”更为根本性的方法，但主权债务重组过程中存在一个根本性障碍，就是集体行动困境。

这个问题最早凸显于2001 年阿根廷债务危机。当时 IMF 推出了主权债务重组机制（Sovereign Debt Restructuring Mechanism，SDRM），但因建立一个这样的国际法律框架需要修改《国际货币基金组织协定》，并且会使成员国让渡更多主权，因而未能实施。后来，出现了两种改进主权债务重组机制的思路，一是继续完善现有的“合同方法”（Contractual Approach），二是重新考虑曾一度搁置的主权债务重组机制。由于后者缺乏国际社会的支持，IMF 明确表示力推第一种方法，同时也在研究援助贷款与债务重组之外的“第三条道路”——债务重塑。

三、IMF 债务可持续性规则评价

布雷顿森林体系瓦解以来，主权债务管理和债务重组的相关实践都发生了变化。随着 IMF、世界银行规则塑造和项目实践的推进，债务可持续性如今已普遍反映在国际实践中，成为一项国际原则[①]。而直接针对债务可持续性问题而开发的 DSA 方法目前已是国际上应用最为广泛的主权债务风险评估工具，DSF 对发展中国家融资计划和贷款决策产生了重要的影响。因而有必要按照总报告提出的国际评估标准对 IMF 债务可持续性规则做一个总体评估。

（一）普适性强

债务可持续性评估与分析是 IMF 和世界银行的主要分析方法，并为很多国际债务方、国际债权方采用（见表 7）。

---

① Juan Pablo Bohoslavsky，Matthias Goldmann，An Incremental Approach to Sovereign Dbet Restructuring：Sovereign Debt Sustainability as a Principle of Public International Law. the Yale Journal of International Law Oline，，2016，Vol. 41：2.

表 7　　　　DSA 方法使用现状

DSA 方法的用途	实例
IMF 和世界银行：监控成员方经济状况项目和实施贷款限制性政策的辅助工具	DSA 报告是 IMF 第四条款磋商报告的组成部分，而后者是 IMF 对成员方经济状况监控的重要项目之一 IMF 根据 DSA 的结果来执行其公共贷款限制政策（Policy on Pubic Debt Limits） 国际开发协会（International Development Association，IDA）的非优惠放贷政策根据 DSA 评级结果设定曾参与多边减债计划（Multilateral Debt Relief Initiative，MDRI）国家的非优惠贷款的额度限制
债务方：规划融资方案和制定中期债务管理战略的指导	受援国可根据 DSA 报告中指出的脆弱性风险来制定中期债务管理战略
债权方：贷款和赠款决策的参考	IDA 根据 DSA 对债务国的外部债务风险评级结果，决定其所提供资金中赠款和贷款的比例 区域发展银行，如非洲发展银行、亚洲发展银行、美洲开发银行和国际农业发展基金会，也采用类似 DSA 的方法对赠款和贷款进行比例分配 巴黎俱乐部依赖于 DSA 在伊维安法（Evian Approach）的框架下进行债务减免和重组 经合组织出口贷款和信贷担保工作组在提供官方出口信贷时进行 DSA 分析的结果

资料来源：熊婉婷、常殊昱、肖立晟，2019。

从国际组织层面看，国际开发协会和非洲开发基金都利用 LIC-DSF 来分配赠款①。巴黎俱乐部则将 IMF 对借款国展开的债务可持续性评估作为启动债务重组程序的必备条件②。

从国家层面看，据不完全统计，截至 2016 年底，33 个非洲重债穷国中有 30 个已达到减债“完成点”，厄立特里亚、索马里和苏丹三

① 国际开发协会把低收入国家债务可持续性框架风险级别评估作为赠款的单一标准，对应低、中、高三类风险，建立“交通信号灯体系（Traffic Light System）”：红灯国家为高度风险国家，必须全部使用赠款，不得贷款；黄灯国家为中等风险国家，50% 赠款，50% 贷款；绿灯国家为低风险国家，全部使用贷款。

② 胥爱欢：“巴黎俱乐部的国际债务处理——兼论‘一带一路’建设中主权债务风险防范”，《海外投资与出口信贷》2019 年第 4 期，第 36 ~41 页。

国则在“决策点”以前。这意味着绝大多数非洲国家已基本接受债务可持续性规则以及以此为核心的减债框架，初步建立了以私有化、自由化和开放市场为特征的经济体制[①]。

（二）强制性强

一方面，从IMF贷款、援助机制本身看，备用计划等IMF方案尽管不具备契约性的法律地位，但内置监督、评估和惩罚机制，使得借款国形式上有自由发言行事权而实质上必须接受IMF基于债务可持续性规则及评估结果而提出的一系列条件。

另一方面，从IMF与其它国际机制的关系看，由于其债务可持续性规则和评估方法受到普遍认可和使用，IMF的意见和判定就具有系统性的溢出效应。IMF与世界银行联合设立的“交叉性条款”更加强了可持续性规则的强制性。“交叉性条款”要求IMF成员国在向IMF申请贷款时必须首先或同时向世界银行申请贷款，并且遵守世界银行在贷款协议中所设定的贷款条件；反之亦然[②]。

（三）精准性强

一方面，IMF与世行联合发布债务可持续性评估的操作指南，并定期根据全球经济形势，尤其是发展中国家经济发展状况与特点，调整该框架，使债务可持续性规则的内涵和评估方法不断细化完善，且能适应新形势。

另一方面，在诸如公共债务限制的新指导原则、《贷款条件指南》

---

① 陈旻辉：“非洲债务可持续问题及对中非合作的影响”，《国际经济合作》2018年第2期，第27～30页。

② 缪心毫：“世界银行与国际货币基金组织贷款交叉条件的法律分析”，《现代法学》2010年第5期，第104～111页。

等相关文件中，对于 DSF 的地位和作用都有说明，使得债务可持续性规则在整个 IMF 职权范围与事务领域中的地位、作用更加突出、明确。

（四）授权性较高

IMF 不仅有专门的专家团队负责债务可持续性评估，还专门设立有独立评估办公室，根据债务可持续性等原则对借款国的贷款使用情况展开评估。为确保评估质量，IMF 在每个重要评估环节都邀请外部专家小组和同行评估小组参与研讨。通过这些评估，IMF 不仅优化了本组织的贷款程序，还明确了借款国的贷款条件执行方式，一国若外债标准未能达到 IMF 要求，还会被迫重新展开与其他相关贷款方的谈判。

四、对“一带一路”国际规则的启示

尽管 IMF 在债务可持续性方面的作为存在不足，但客观上产生了广泛的国际影响和一定的实效。在共建“一带一路”的过程中，对于 IMF 的债务可持续性规则，中国需要部分借鉴、遵循，部分完善、创新，总体思路应该是“对接 + 对话 + 参与调整”。

在 IMF 实践已经相对成熟、成功、接受度较高，且与中国没有核心关切冲突的方面，可以“对接”，即遵循。比如 DSA 方法的总体思路，DSF 系统性治理的框架，以及健全主权债务风险化解的动态调整机制等。在诸如优惠贷款等问题上，中国与 IMF 参照标准不同，有些不匹配甚至冲突，应该加强对话，并主要通过多边方式来协调、磋商。对于 IMF 仍在谋求改革的问题，中国或可主动参与调整，谋求发挥作用（见表8）。

表8　"一带一路"对待IMF债务可持续性规则的策略

BRI需要借鉴、遵循的	1. DSA与LIC-DSF大体思路与框架：风险评级、警示性阈值 2. 能力建设：规则培训、透明度和数据披露 3. 执行机制健全 4. 对规则不断评估、改革
BRI需要完善、创新的	1. 更加精准地制定评估标准，充分考虑东道国的实际情况 2. 不仅看债务规模，还要看债务用途 3. 不强制要求展开结构性改革 4. 构建"债务可持续性评估体系+债务可持续性能力建设"的规则

资料来源：作者自制。

（一）共建"一带一路"对IMF债务可持续性规则的遵循与借鉴

第一，"一带一路"建设过程中，中国需要以合作的态度与IMF、世界银行债务可持续性规则对接，以遵循为主。这主要是因其目前在国际体系中享有话语权和制度性优势。中方企业事前需要充分调研IMF针对沿线各国的政策，并进行了解沟通，事中应在合同条款中进行规定，尽量规避IMF外部优惠借款限制、债务限制政策和经济金融政策等可能带来的政策风险，选择合适的贷款优惠度、合适的合作方式。

第二，中国构建的债务可持续性框架应充分照顾"一带一路"沿线国家的特点，同时，充分借鉴IMF构建规则、推广规则、落实规则、改良规则的思路和最佳实践，尤其是重视能力建设，包括透明度和数据披露、相关规则与原理的介绍、政府官员培训等。可深入研究IMF和世界银行共建的"债务管理贷款2"（Debt Management Facility：Guiding Countries to Smart Debt Decisions，DMF 2）。这是两机构针对债务可持续问题联合发起的能力建设专题基金，合作伙伴还有奥地利、德国、荷兰、挪威、俄罗斯、瑞士、非洲开发银行、欧盟。

（二）共建“一带一路”对IMF债务可持续性规则的完善和创新

第一，IMF的DSA方法存在很多缺陷，比如，可以评估风险，但不能提示政策；缺乏从贷款来源的角度对不同债权方影响的分析，因此无法为债权方应当如何实现“负责任”的信贷以及如何进行多边协调等问题提供直接的参考和建议；很少考虑新增债务可能刺激经济和发展，因而缩小了低收入国家的举债空间；对债务可持续性、经济增长、可持续发展三者之间的关系研究不够等。

国内外学界对于这些缺陷有充分的探讨，基于这些学理分析，可以从发展中国家本位、负责任的信贷、债务可持续—发展可持续关联性、构建政策建设性的评估框架等角度完善IMF现有的框架和工具。比如：

①加强基础性研究，尤其是基于发展中国家本位的债务可持续—发展可持续关联性研究和对负责任信贷的研究；

②不强制要求结构性改革，注意“研究+防范+引导”，加强与沿线国家政府的战略对接和多边机制建设；

③增加“政策有效性测试”，以辨别和评估哪些政策能够有效促进借款国的债务可持续性；

④探索设立“中国国际资信评级公司”以加强建设事前防范机制。

第二，IMF的DSA方法终究代表的是西方的理论路径、更贴近发达国家立场，中国需要更有情怀地照顾“一带一路”沿线国家的国情，超越IMF的思维框架，构建人类命运共同体理念和可持续发展目标指引下的“债务可持续性评估体系+债务可持续性能力建设”框架（见图4）。

联合国贸发会议在总结国际减债工作进展时说：“仅仅债务减免

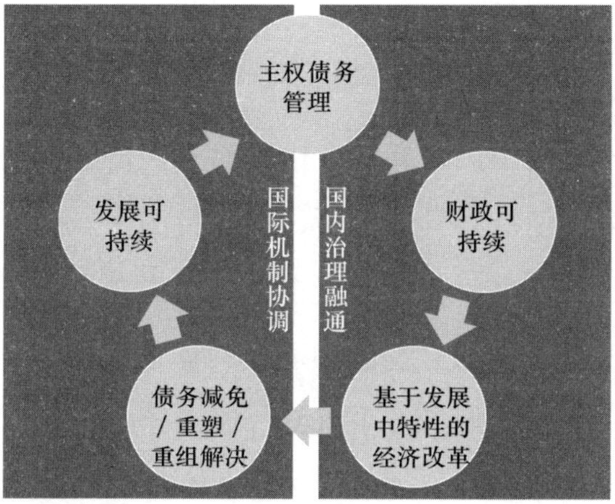

图4　“债务可持续性评估体系＋债务可持续性能力建设”工作思路

资料来源：作者自制。

不是解决重债穷国面临的发展挑战的万能药；它是一个必要但不充分的解决办法，必须结合发展筹资和能力建设方面的更多援助。”①

可见，DSA只是解决债务可持续性的一个工具。实现债务可持续应该是一个以DSA为基础和切入点的复合系统，包括债务可持续评估框架、债务减免、发展筹资与融资、财政政策与社会经济改革、能力建设、主权债务管理机制以及应对债务困境与风险的债务重组和债务解决机制。其最终目标应该是协同性的发展可持续。

从更深层次的角度来看，IMF基于债务可持续理念的经济方案以“新自由主义”为主，并未根据借款国的实际情况和外部环境进行差别化、具体化、有针对性的对待，其核心内容通常是贸易自由化、资本市场开放、浮动汇率政策和对自然垄断部门实行私有化改革等，未能考虑到借款国经济发展实际和文化历史传统等现实基础，反而容易给借款国带来更大的经济波动甚至长期持续的社会政治动荡，不利于

① UNCTAD, 2014, External debt sustainability and development (A/69/167), https://unctad.org/meetings/en/SessionalDocuments/a69d167_ch.pdf.

借款国债务可持续最终目标的实现。

DSF 分析只是债务可持续性研究的方法之一，尽管已有相当的权威性，但在具体应用中仍需要结合中国对外经济合作的实际需要，对其他国家的实际国情展开具体分析，并保持国家风险管理与研究的独立性与客观性。换言之，应该对资本以外的事物给予足够的、不同于西方的关注，实现一种独立理性和适合具体情境的——非西方、发展中、动态性的——方法创新，在西方价值倡导的工具性与程序正义之外推广我国特色的系统观、结果正义与多样性。

债务可持续的最根本基础还是发展可持续，中国应将自己国内建设的经验与参与全球治理的智慧结合起来，完善以合作共赢为驱动力的经济可持续发展驱动机制，贡献于全球债务可持续治理的完善。

执笔人：胡王云

参考文献

[1] 财政部．“一带一路”债务可持续性分析框架，2019. [2019－12] http：//www. mof. gov. cn/zhengwuxinxi/caizhengxinwen/201904/t20190425_ 3234663. htm

[2] 熊婉婷，常殊昱，肖立晟．IMF 债务可持续性框架：主要内容、问题及启示．国际经济评论，2019（4）

[3] 温灏，沈继奔．“一带一路”投融资模式与合作机制的政策思考．宏观经济管理，2019（2）

[4] Eurodad. To repay or to Develop? Handbook on Debt Sustainability. From the European Network on Debt and Development，2006. [2019－12] https：//eurodad. org/uploadedfiles/whats_ new/reports/eurodad%20debtsustainabilityhandbook. pdf.

[5] 李若谷．正确认识发展中国家的债务可持续问题．世界经济与政治．2007（4）

[6] 宋微．关于 IMF 对发展中国家融资支持的分析．海外投资与出口信贷．2017（3）

[7] UNCTAD，External debt sustainability and development（A/69/167）. 2014， [2019－12]. https：//unctad. org/meetings/en/SessionalDocuments/a69d167_ ch. pdf.

[8] UN Assembly，Keeping the promise：united to achieve the Millennium Development Goals（A/RES/65/1））. 2010 [2019－12]. https：//undocs. org/en/A/RES/65/1

[9] Christina Daseking，Debt：how much is too much? Finance and Development，2002，39，(4).

[10] IMF，Assessing Sustainability. 2002 [2019－12]，https：//www. imf. org/external/np/pdr/sus/

2002/eng/052802. htm.

[11] IMF. 2018 Annual Report [2019 - 12] . https: //www. elibrary. imf. org/view/IMF011/25305 - 9781484373453/25305 - 9781484373453/25305 - 9781484373453. xml? language = en&redirect = true.

[12] IMF. Debt Sustainability Analysis Low-Income Countries [EB/OL/ [2019 - 12] https: //www. imf. org/external/pubs/ft/dsa/lic. aspx.

[13] IMF, WB. 2009. A Review of Some Aspects of the Low-Income Country Debt Sustainability Framework, 2009 [2019 - 12] https: //www. imf. org/external/np/pp/eng/2009/080509a. pdf.

[14] IMF, Modernizing the Framework for Fiscal Policy and Public Debt Sustainability Analysis, 2011 [2019 - 12] https: //www. imf. org/external/np/pp/eng/2011/080511. pdf.

[15] IMF, WB. 2012. Revisiting the Debt Sustainability Framework for Low Income Countries, 2012 [2019 - 12] https: //www. imf. org/en/Publications/Policy-Papers/Issues/2016/12/31/Revisiting-the-Debt-Sustainability-Framework-for-Low-Income-Countries-PP4627.

[16] IMF, WB. 2013. Unification of Discount Rates Used in External Debt Analysis for Low-Income Countries, 2013 [2019 - 12] https: //www. imf. org/external/np/pp/eng/2013/100413. pdf.

[17] IMF. 2017. Review of the Debt Sustainability Framework for Low Income Countries: Proposed Reforms, 2017 [2019 - 12] https: //www. imf. org/en/Publications/Policy-Papers/Issues/2017/10/02/pp082217LIC-DSF.

[18] IMF. Guidance Note on the Bank-Fund Debt Sustainability Framework for Low Income Countries, 2018 [2019 - 12] https: //www. imf. org/en/Publications/Policy-Papers/Issues/2018/02/14/pp122617guidance-note-on-lic-dsf.

[19] Juan Pablo Bohoslavsky, Matthias Goldmann, An Incremental Approach to Sovereign Debt Restructuring: Sovereign Debt Sustainability as a Principle of Public International Law. the Yale Journal of International Law Oline, 2016, Vol. 41: 2.

[20] 伍戈. 对国际货币基金组织宏观经济分析框架的思考. 国际经济评论, 2009 (6)

[21] WB, IMF, Review of the Debt Sustainability Framework for Low Income Countries: Proposed Reforms2017, [2019 - 12] . https: //www. imf. org/en/Publications/Policy-Papers/Issues/2017/10/02/pp082217LIC-DSF.

[22] IMF, WB, Review of Low-Income Country Debt Sustainability Framework and Implications of the MDRI, 2006 [2019 - 12] . https: //www. imf. org/en/Publications/Policy-Papers/Issues/2016/12/31/Review-of-Low-Income-Country-Debt-Sustainability-Framework-and-Implications-of-the-PP557.

[23] IMF, Staff Guidance Note on the Application of the Joint Bank-fund Debt Sustainability Framework for Low-income Countries [2019 - 12] . http: //www. imf. org/en/Publications/Policy-Papers/Issues/2016/12/31/Staff-Guidance-Note-on-the-Application-of-the-Joint-Bank-Fund-Debt-Sustainability-Framework-PP4827/ .

[24] 赵旸. 低收入国家债务可持续性框架及其在国家风险管理中的作用. 中国发展观察, 2016 (16)

[25] 廖凡. 比较视野下的亚投行贷款条件研究. 法学杂志, 2016 (6)

[26] 缪心毫. 世界银行与国际货币基金组织贷款交叉条件的法律分析. 现代法学, 2010 (5)

[27] IMF, Guidelines on Conditionality, 2019 [2019 - 12] . https: //www. imf. org/external/Selected-

Decisions/Description. aspx? decision = 12864 – （02/102）.

[28] IMF, WB. 2009. Debt limits in Fund-Supported Program: Proposed New Guidelines, 2009 [2019 – 12] https: //www. imf. org/external/np/pp/eng/2009/080509. pdf.

[29] IMF, Key Decisions of the Executive Board Concerning Conditionality, 2001 [2019 – 12] . https: //www. imf. org/external/np/pdr/cond/2001/eng/guide/index. htm.

[30] IMF, Guidance on the Design and Implementation of IMF Conditionality: Preliminary Considerations, 2002 [2019 – 12] . https: //www. imf. org/en/Publications/Policy-Papers/Issues/2016/12/31/Guidance-on-the-Design-and-Implementation-of-IMF-Conditionality-Preliminary-Considerations-PP149.

[31] IMF, Public Debt Limits in IMF-Supported Programs, 2015 [2019 – 12] https: //www. imf. org/external/np/spr/2015/conc/index. htm.

[32] 王加春．IMF 债务可持续框架的影响与评价．开发性金融研究，2017（6）

[33] 胥爱欢．巴黎俱乐部的国际债务处理——兼论“一带一路”建设中主权债务风险防范．海外投资与出口信贷，2019（4）

[34] 陈旻辉．非洲债务可持续问题及对中非合作的影响．国际经济合作，2018（2）

附录一

各次区域媒体对“一带一路”对接相关国际规则报道情况

（2017 年 1 月 ~2020 年 3 月）

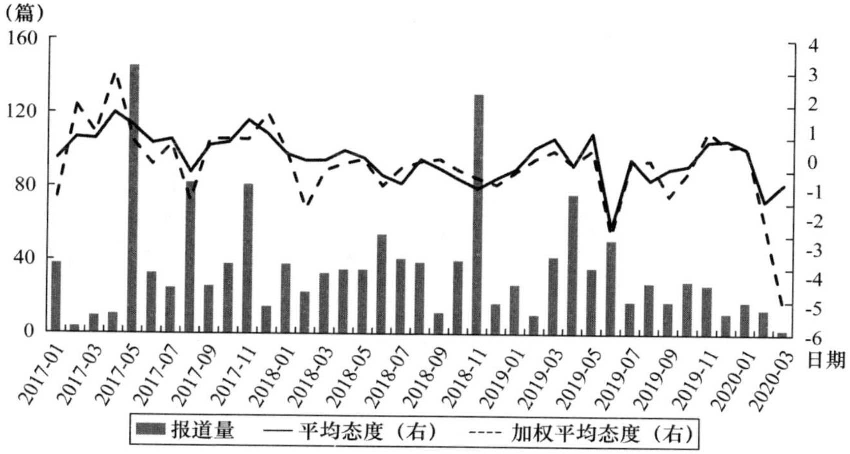

图 1　东南亚地区相关报道量及态度变化

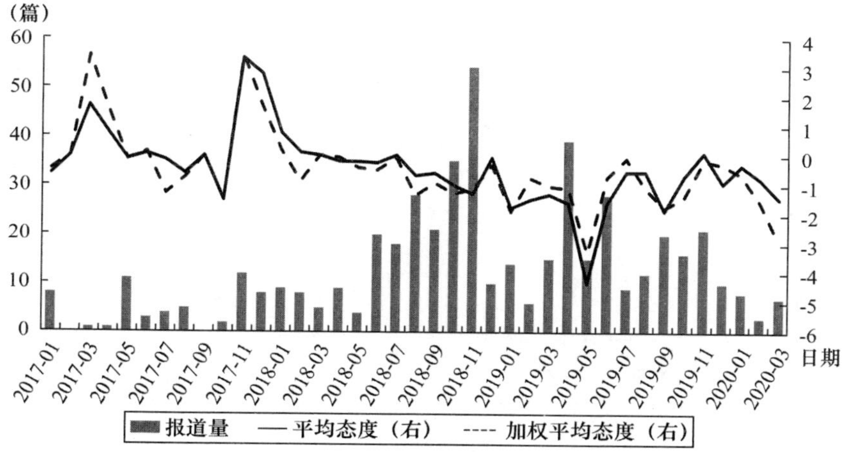

图 2　东北亚地区相关报道量及态度变化

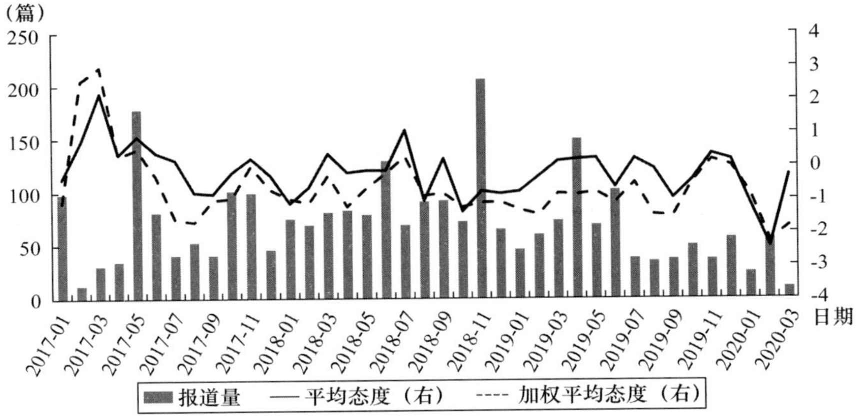

图3　南亚地区相关报道量及态度变化

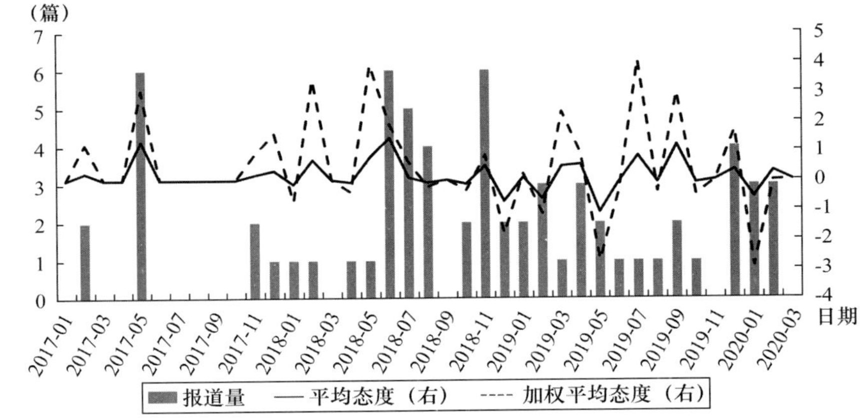

图4　中亚地区相关报道量及态度变化

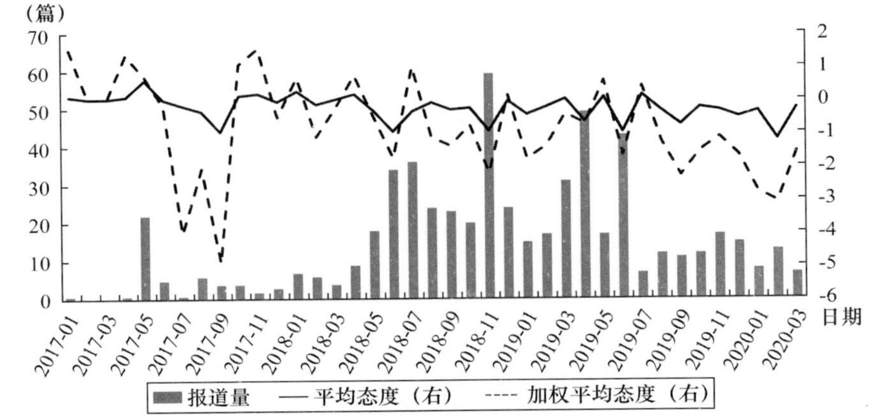

图5　中东地区相关报道量及态度变化

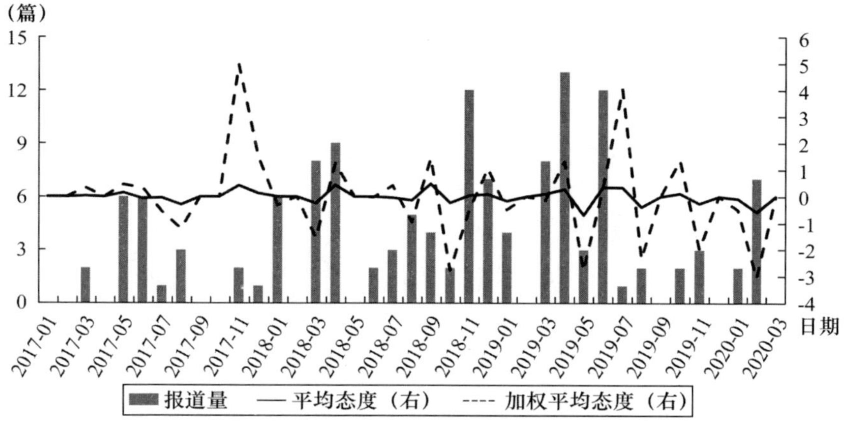

图 6　东非地区相关报道量及态度变化

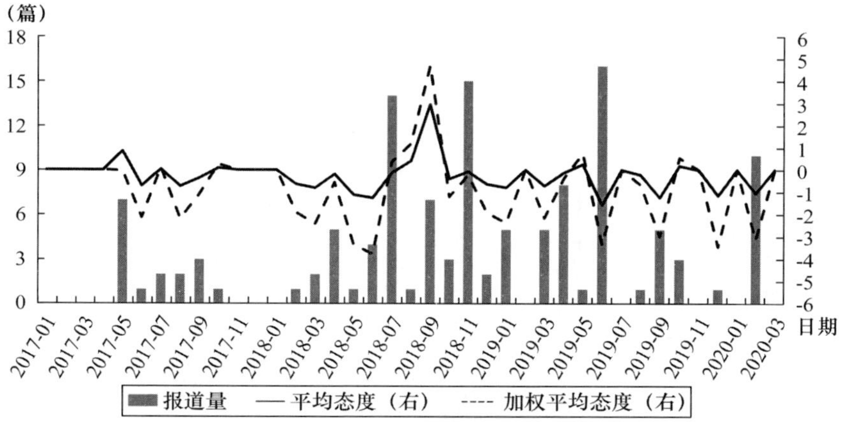

图 7　南非地区相关报道量及态度变化

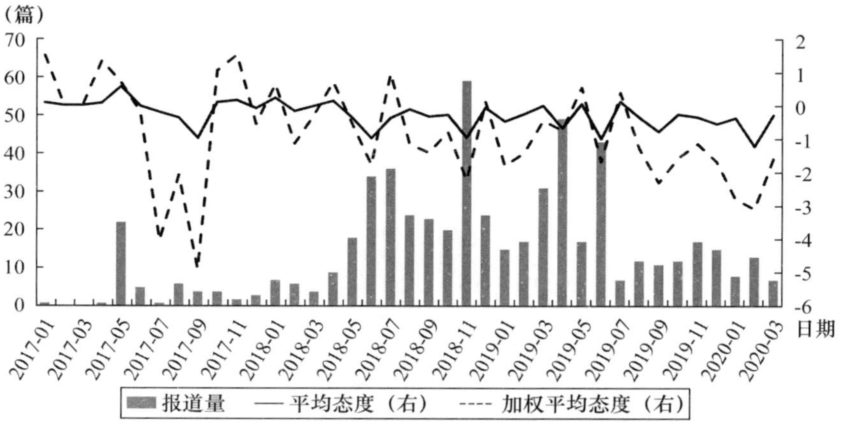

图 8　西非地区相关报道量及态度变化

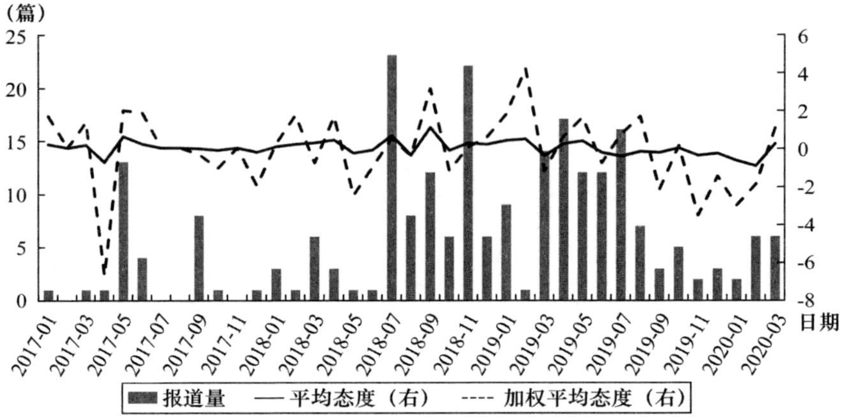

图9　中非地区相关报道量及态度变化

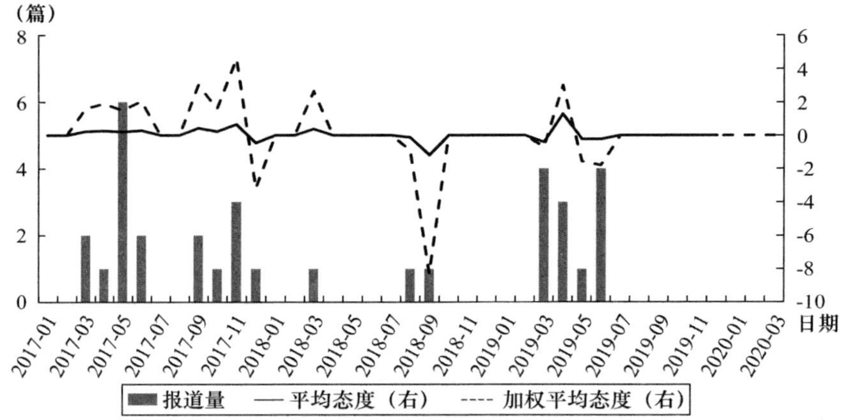

图10　独联体国家相关报道量及态度变化

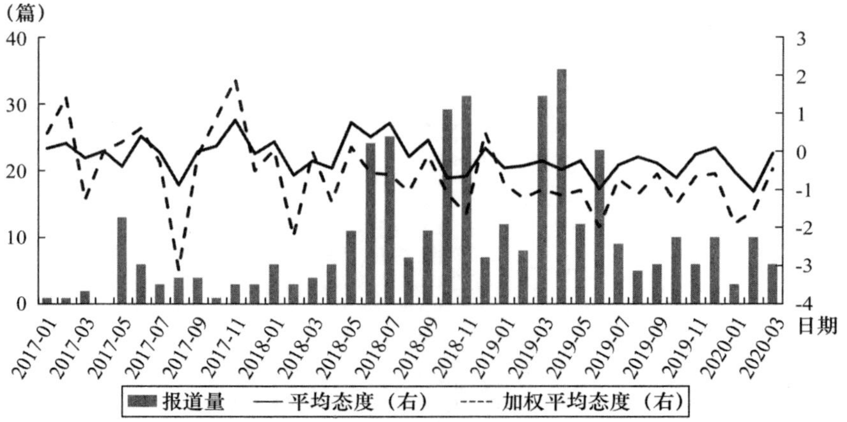

图11　西欧地区相关报道量及态度变化

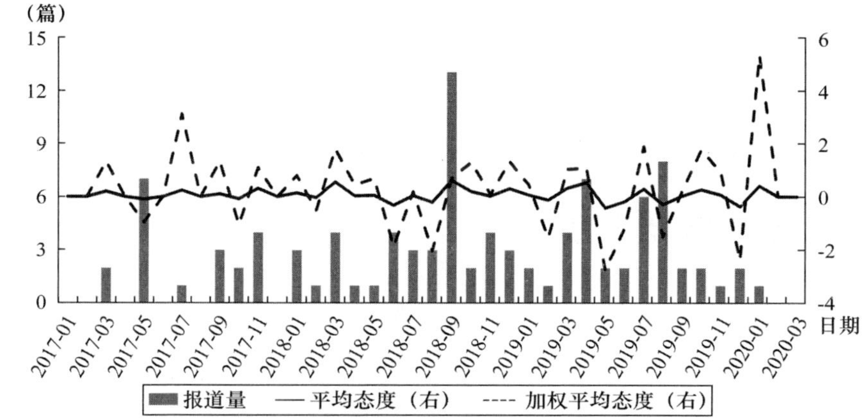

图 12　中东欧地区相关报道量及态度变化

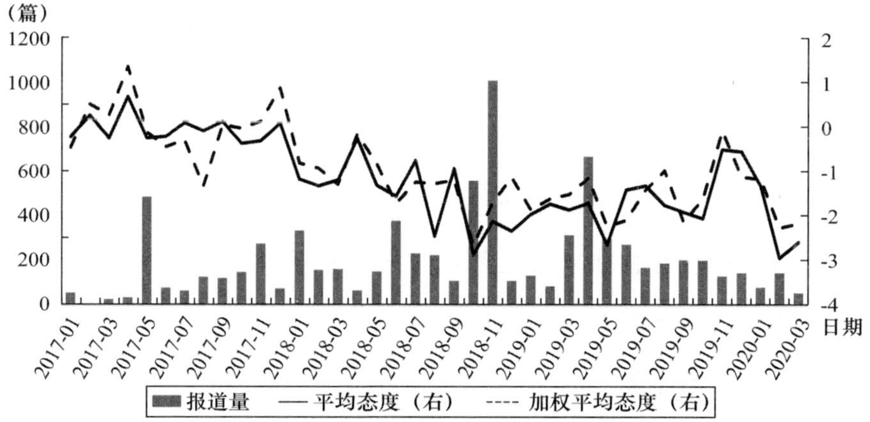

图 13　北美地区相关报道量及态度变化

附录二

丝路国际智库网络“一带一路”与国际规则调研问卷[①]

一、基本信息

1. 请问您的国籍?

2. 请问您所在的地区（省/州)?

3. 请问您是居住在城市还是农村地区?

4. 请问您的性别?

5. 请问您的年龄?

6. 请问您的最高学历以及最高学历在哪国获得?

7. 请问您是否有宗教信仰? 如有，为何种宗教信仰?

8. 请问您的家庭年收入为?（以美元计算)

二、关于“一带一路”的态度

9. 2013 年9 月和10 月，习近平主席在出访哈萨克斯坦和印度尼西亚期间，先后提出共建“丝绸之路经济带”和“21 世纪海上丝绸之

① 注：本问卷系 SiLKS 秘书处根据 SiLKS 发展及“共建‘一带一路’与国际规则的遵循、完善和创新研究”课题需要，参考国内外涉“一带一路”问卷范例，编制而成。

路”（即“一带一路”）的重大倡议，得到国际社会高度关注。请问您了解相关信息的主要来源是？

A. 本地媒体

B. 中国政府发布和媒体报道

C. 西方媒体

D. 网络新媒体、自媒体等

E. 其他（请说明）

10. 近7年来，您认为“一带一路”项目在您所在的国家进展是否顺利？下面1～5的量表中“1”为“非常不顺利”，“5”为“非常顺利”，您打几分？

非常不顺利　1　2　3　4　5　非常顺利

11. “一带一路”的核心内容是“五通”。您认为在您所在国家，“一带一路”“五通”领域分别进展是否顺利？下面1～5的量表中“1”为“非常不顺利”，“5”为“非常顺利”，您打几分？

A. 政策沟通　非常不顺利　1　2　3　4　5　非常顺利

B. 设施联通　非常不顺利　1　2　3　4　5　非常顺利

C. 贸易畅通　非常不顺利　1　2　3　4　5　非常顺利

D. 资金融通　非常不顺利　1　2　3　4　5　非常顺利

E. 民心相通　非常不顺利　1　2　3　4　5　非常顺利

12. 您认为在您所在国家，“一带一路”“五通”领域中，最需要在哪个领域开展更多合作？下面1～5的量表中“1”为“非常不需要”，“5”为“非常需要”，您打几分？

A. 政策沟通　非常不需要　1　2　3　4　5　非常需要

B. 设施联通　非常不需要　1　2　3　4　5　非常需要

C. 贸易畅通　非常不需要　1　2　3　4　5　非常需要

D. 资金融通　非常不需要　1　2　3　4　5　非常需要

E. 民心相通　非常不需要　1　2　3　4　5　非常需要

13. 近7年来，您是否同意“一带一路”项目推动了您所在的国家以下领域的发展？下面1~5的量表中“1”为“非常不同意”，“5”为“非常同意”，您打几分？

A. 基础设施建设　非常不同意　1　2　3　4　5　非常同意

B. 经济增长　非常不同意　1　2　3　4　5　非常同意

C. 就业增长　非常不同意　1　2　3　4　5　非常同意

D. 贸易投资增长　非常不同意　1　2　3　4　5　非常同意

E. 减贫　非常不同意　1　2　3　4　5　非常同意

14. 国际上对“一带一路”存在一些质疑的声音。您是否同意下述表述？下面1~5的量表中“1”为“非常不同意”，“5”为“非常同意”，您打几分？

A. 质疑中国发起“一带一路”倡议的目的是扩大地区影响力和出于地缘政治考量

非常不同意　1　2　3　4　5　非常同意

B. 质疑中国通过“一带一路”倡议向发展中国家提供巨额贷款，这些国家因此陷入中国的债务陷阱，并只能听命于中国

非常不同意　1　2　3　4　5　非常同意

C. 质疑“一带一路”项目存在破坏生态环境的现象

非常不同意　1　2　3　4　5　非常同意

D. 质疑“一带一路”项目存在影响当地就业的现象

非常不同意　1　2　3　4　5　非常同意

E. 质疑“一带一路”项目存在不透明、腐败等现象

非常不同意　1　2　3　4　5　非常同意

15. 作为“一带一路”的倡议国，中国的国有企业和民营企业均积极参与“一带一路”。您认为国有企业和民营企业在参与您所在国家的“一带一路”项目时有何不同影响？下面1~5的量表中“1”为“无任何不同影响”，“5”为“有很大不同影响”，您打几分？

无任何不同影响 1 2 3 4 5 有很大不同影响

16. 总的来说，您如何评价“一带一路”倡议对您所在国发展的贡献？下面1~5的量表中“1”为“贡献很小”，“5”为“贡献很大”，您打几分？

贡献很小 1 2 3 4 5 贡献很大

三、关于“一带一路”与国际规则的态度

17. 您认为“一带一路”倡议在下列领域是否有必要遵循现有国际规则？下面1~5的量表中“1”为“非常不必要”，“5”为“非常有必要”，您打几分？

A. 投资 非常不必要 1 2 3 4 5 非常有必要

B. 债务与融资 非常不必要 1 2 3 4 5 非常有必要

C. 商事仲裁 非常不必要 1 2 3 4 5 非常有必要

D. 绿色发展 非常不必要 1 2 3 4 5 非常有必要

E. 科技创新和知识产权 非常不必要 1 2 3 4 5 非常有必要

F. 包容性发展 非常不必要 1 2 3 4 5 非常有必要

G. 第三方市场合作 非常不必要 1 2 3 4 5 非常有必要

H. 透明与反腐败 非常不必要 1 2 3 4 5 非常有必要

18. 在投资领域，您认为哪些相关国际规则最值得“一带一路”参考和借鉴？下面1~5的量表中“1”为“最不需要借鉴”，“5”为

“最值得借鉴”，您打几分？

A. 投资标准：在投资活动涉及的劳工、环境、知识产权领域采取高标准

最不需要借鉴 1 2 3 4 5 最值得借鉴

B. 投资自由化：反对投资保护主义，促进投资自由化便利化，实施“准入前国民待遇 + 负面清单”的外资监管模式和“竞争中立”原则

最不需要借鉴 1 2 3 4 5 最值得借鉴

C. 监管权限：扩大东道国监管权限

最不需要借鉴 1 2 3 4 5 最值得借鉴

D. 投资者责任：明确投资者社会责任和可持续发展意识，实现包容性发展

最不需要借鉴 1 2 3 4 5 最值得借鉴

E. 争端解决：强有力的、绕过东道国国内法律的争端解决机制

最不需要借鉴 1 2 3 4 5 最值得借鉴

F. 投资前期准备：投资活动开展前应做好环境和社会风险评估

最不需要借鉴 1 2 3 4 5 最值得借鉴

19. 在债务与融资领域，您认为哪些相关国际规则最值得“一带一路”参考和借鉴？下面 1 ~ 5 的量表中“1”为“最不需要借鉴”，“5”为“最值得借鉴”，您打几分？

A. 优惠度：在现有基础上，更多地提供优惠度较高、赠与成分为 25% 以上的官方发展援助（ODA）

最不需要借鉴 1 2 3 4 5 最值得借鉴

B. 还款期限：在现有基础上，延长官方支持的出口信贷的还款期

最不需要借鉴 1 2 3 4 5 最值得借鉴

C. 本国成分占比：在现有基础上，降低融资中需购买来自融资提供国设备和服务的比例

最不需要借鉴　1　2　3　4　5　最值得借鉴

D. 债务管理：充分考虑贷款国宏观经济和债务规模的债务可持续性框架，对重债穷国谨慎提供贷款

最不需要借鉴　1　2　3　4　5　最值得借鉴

E. 附加条件：提供贷款和债务减免必须附加政策改革条件

最不需要借鉴　1　2　3　4　5　最值得借鉴

F. 混合融资：鼓励商业银行、多边开发银行和私人投资者共同参与融资项目的公私合作（PPP）混合融资模式

最不需要借鉴　1　2　3　4　5　最值得借鉴

20. 在商事仲裁领域，您认为哪些相关国际规则最值得“一带一路”参考和借鉴？下面1～5的量表中“1”为“最不需要借鉴”，“5”为“最值得借鉴”，您打几分？

A. 具有较强约束力的、以联合国国际投资争端解决中心为核心实施机制的国际商事仲裁规则

最不需要借鉴　1　2　3　4　5　最值得借鉴

B. 由国际仲裁法庭进行纠纷调解

最不需要借鉴　1　2　3　4　5　最值得借鉴

C. 积极培育并完善国际商事诉讼和调解、仲裁有机衔接的多元化纠纷解决机制

最不需要借鉴　1　2　3　4　5　最值得借鉴

21. 在绿色发展领域，您认为哪些相关国际规则最值得“一带一路”参考和借鉴？下面1～5的量表中“1”为“最不需要借鉴”，“5”为“最值得借鉴”，您打几分？

A. 共同但有区别的责任，按照各自能力和自愿原则进行国家自主贡献减排

最不需要借鉴 1 2 3 4 5 最值得借鉴

B. 对标最佳绿色项目实践，实行严格绿色标准

最不需要借鉴 1 2 3 4 5 最值得借鉴

C. 建立国家联络人和申诉机制，完善执行机制

最不需要借鉴 1 2 3 4 5 最值得借鉴

22. 在科技创新和知识产权领域，您认为哪些相关国际规则最值得“一带一路”参考和借鉴？下面1～5的量表中“1”为“最不需要借鉴”，“5”为“最值得借鉴”，您打几分？

A. 承认各国保护知识产权的基本目标，也兼顾发展中国家在实施上的灵活性

最不需要借鉴 1 2 3 4 5 最值得借鉴

B. 全面的、更高标准的国际知识产权保护与执法的法律框架

最不需要借鉴 1 2 3 4 5 最值得借鉴

C. 侧重于建立合作与信息交流机制、加强能力建设

最不需要借鉴 1 2 3 4 5 最值得借鉴

23. 在包容性发展领域，您认为哪些相关国际规则最值得“一带一路”参考和借鉴？下面1～5的量表中“1”为“最不需要借鉴”，“5”为“最值得借鉴”，您打几分？

A. 落实联合国2030年可持续发展议程，促进持久、包容和可持续经济增长，促进充分的生产性就业

最不需要借鉴 1 2 3 4 5 最值得借鉴

B. 全面、严格、高标准的劳工保护和社会保障规则

最不需要借鉴 1 2 3 4 5 最值得借鉴

C. 最大化地实现用工本地化，并提供技能培训

最不需要借鉴　1　2　3　4　5　最值得借鉴

D. 建立项目申诉和投诉处理机制，尊重社区意见

最不需要借鉴　1　2　3　4　5　最值得借鉴

24. 在第三方市场合作领域，您认为哪些相关国际规则最值得“一带一路”参考和借鉴？下面1～5的量表中“1”为“最不需要借鉴”，“5”为“最值得借鉴”，您打几分？

A. 发达国家或国际组织主导，为两个或以上的发展中国家的产业合作提供知识、技能、经验和资源

最不需要借鉴　1　2　3　4　5　最值得借鉴

B. 结合发达国家和发展中国家的知识、技能、经验和资源，在第三国分享知识和经验或执行发展合作项目

最不需要借鉴　1　2　3　4　5　最值得借鉴

C. 南南合作框架下，旨在促进能力建设和交流的发展中国家间的三方合作（如印度—巴西—南非 IBSA 三方倡议）

最不需要借鉴　1　2　3　4　5　最值得借鉴

25. 在透明与反腐败领域，您认为哪些相关国际规则最值得“一带一路”参考和借鉴？下面1～5的量表中“1”为“最不需要借鉴”，“5”为“最值得借鉴”，您打几分？

A. 具有全球约束力、制定了一系列综合性的反腐败措施及完备执行机制的《联合国反腐败公约》

最不需要借鉴　1　2　3　4　5　最值得借鉴

B. 聚焦对东道国合作伙伴进行尽职调查和监督的《经合组织跨国企业准则》

最不需要借鉴　1　2　3　4　5　最值得借鉴

C. 以企业的自愿遵守为前提、以加强企业自律为主要内容、强调遵守国际惯例的《国际商会抗击腐败规则》

最不需要借鉴 1 2 3 4 5 最值得借鉴

D. 对投融资项目信息和数据公开披露的《世界银行公开数据动议》

最不需要借鉴 1 2 3 4 5 最值得借鉴

26. 现行国际规则并不完美。您认为“一带一路”倡议在哪些领域有必要对现有规则进行完善和创新？下面1～5的量表中“1”为“非常不必要”，“5”为“非常有必要”，您打几分？

A. 投资 非常不必要 1 2 3 4 5 非常有必要

B. 债务与融资 非常不必要 1 2 3 4 5 非常有必要

C. 商事仲裁 非常不必要 1 2 3 4 5 非常有必要

D. 绿色发展 非常不必要 1 2 3 4 5 非常有必要

E. 科技创新和知识产权 非常不必要 1 2 3 4 5 非常有必要

F. 包容性发展 非常不必要 1 2 3 4 5 非常有必要

G. 第三方市场合作 非常不必要 1 2 3 4 5 非常有必要

H. 透明与反腐败 非常不必要 1 2 3 4 5 非常有必要

27. 您认为在完善和创新有关领域国际规则时，应采取什么样的合作机制作为实施主体？（最多可选两项）

A. 双边合作机制

B. 区域小多边合作机制

C. 专业国际组织（亚投行等）

D. 大多边“一带一路”国际合作机制（“一带一路”国际合作高峰论坛）

四、关于高质量、高水平共建“一带一路”的态度

28. 为了推动高质量、高水平共建“一带一路”，您对作为“一带一路”倡议国的中国有什么建议？（最多可选四项）

A. 尊重共建国家国别发展规划和关切

B. 推动发达国家和跨国企业参与“一带一路”第三方市场合作

C. 推动多边开发银行参与“一带一路”融资

D. 增加项目透明度，打击腐败和贿赂行为

E. 对项目商业可持续性开展尽职调查

F. 注重项目的生态环境后果

G. 提供东道国中小企业更多机会参与项目招投标

H. 提供更多就业机会、技术培训和能力建设

I. 关注东道国社区和民众意见

J. 推动中国民营企业更多参与“一带一路”

K. 其他

29. 为了推动高质量、高水平共建“一带一路”，您对您所在国家有什么建议？（最多可选四项）

A. 注重债务可持续性

B. 提出符合实际的项目清单，防止“等靠要”倾向

C. 加强国家发展规划，做好与“一带一路”有效对接

D. 制定符合实际的环境和社会标准

E. 创造稳定的政治安全局势

F. 妥善处理劳资纠纷和社会冲突

G. 提高国家治理和法治水平，减少腐败，优化营商环境

H. 对公众就“一带一路”项目及时进行说明和沟通

I. 其他

30. 为推动高质量、高水平共建“一带一路”，您认为应该需要完善什么国际合作机制和国际规则？

A. 建立相应“一带一路”国际规则

B. “一带一路”国际合作高峰论坛应机制化和实体化

C. “一带一路”应根据不同国家和地区特点，在不同领域，实施不同规则

31. 请列举三个您所在国家正在开展的、您认为对国家发展最重要的“一带一路”项目。

附录三

共建“一带一路”大事记

（2013 年 9 月 ~2020 年 11 月）

本大事记基于中国“一带一路”网发布的共建“一带一路”进展相关权威信息，参照推进“一带一路”建设工作领导小组办公室 2019 年 4 月发布的《共建“一带一路”倡议：进展、贡献与展望》报告，按照重要讲话和重要文件、重要机制、“五通”及产业合作等领域分类阐述共建“一带一路”进展。

一、重要讲话和重要文件

1. 2013 年 9 月 7 日　首次提出“丝绸之路经济带”

2013 年 9 月 7 日，国家主席习近平在哈萨克斯坦纳扎尔巴耶夫大学发表题为《弘扬人民友谊共创美好未来》的重要演讲，倡议共同建设“丝绸之路经济带”。

2. 2013 年 10 月 3 日　首次提出 21 世纪“海上丝绸之路”

2013 年 10 月 3 日，国家主席习近平在印度尼西亚国会发表题为《携手建设中国—东盟命运共同体》的重要演讲，倡议筹建亚洲基础设施投资银行，与东盟国家共同建设 21 世纪“海上丝绸之路”。

3. 2013 年 11 月 12 日　推进丝绸之路经济带、海上丝绸之路建设写入《中共中央关于全面深化改革若干重大问题的决定》

2013 年 11 月 12 日，党的十八届三中全会通过的《中共中央关于全面深化改革若干重大问题的决定》明确提出“加快同周边国家和区域基础设施互联互通建设，推进丝绸之路经济带、海上丝绸之路建设，形成全方位开放新格局”。

4. 2013 年 12 月　中央经济工作会议首次提及“一带一路”

2013 年 12 月，中央经济工作会议提出“推进丝绸之路经济带建设，建设 21 世纪海上丝绸之路”。此后“一带一路”每年均被纳入中央经济工作会议。

5. 2014 年 3 月 5 日《政府工作报告》首次提及“一带一路”

2014 年 3 月 5 日，国务院总理李克强在《政府工作报告》中介绍 2014 年重点工作时提出，抓紧规划建设丝绸之路经济带、21 世纪海上丝绸之路，推进孟中印缅、中巴经济走廊建设，推出一批重大支撑项目，加快基础设施互联互通，拓展国际经济技术合作新空间。此后“一带一路”每年均被写入《政府工作报告》。

6. 2015 年 3 月 28 日　三部委联合发布《愿景与行动》文件——“一带一路”建设的“路线图”

2015 年 3 月 28 日，国家发展改革委、外交部、商务部联合发布《推动共建丝绸之路经济带和 21 世纪海上丝绸之路的愿景与行动》，从时代背景、共建原则、框架思路、合作重点、合作机制等方面对“一带一路”倡议进行阐释。这是中国发布的首份关于“一带一路”的政府白皮书。

7. 2016 年 8 月 17 日　推进“一带一路”建设工作座谈会召开

2016 年 8 月 17 日，习近平出席推进“一带一路”建设工作座谈会并发表重要讲话，就推进“一带一路”建设提出8项要求。

8. 2017年1月18日　习近平主席提出共建人类命运共同体——全球发展的中国方案

2017年1月18日，应联合国秘书长古特雷斯邀请，国家主席习近平访问联合国日内瓦总部，发表《共同构建人类命运共同体》的主旨演讲，系统阐发了全球发展的“中国方案”，即“构建人类命运共同体，实现共赢共享”。

9. 2017年5月10日　《共建“一带一路”：理念、实践与中国的贡献》发布

2017年5月10日，推进“一带一路”建设工作领导小组办公室发布中、英、俄、法、西、阿、德七个语种的《共建“一带一路”：理念、实践与中国的贡献》文件，进一步阐释了“一带一路”建设的内涵、理念和实质，总结了三年多来共建“一带一路”的丰富成果。

10. 2017年10月24日“一带一路”写入党章

2017年10月24日，中国共产党第十九次全国代表大会通过了《中国共产党章程（修正案）》的决议，将推进“一带一路”建设写入党章。这体现了中国共产党高度重视“一带一路”建设、坚定推进“一带一路”国际合作的决心和信心。

11. 2018年8月27日　推进“一带一路”建设工作5周年座谈会召开

2018年8月27日，习近平出席推进“一带一路”建设工作5周年座谈会并发表重要讲话，提出“一带一路”建设要从谋篇布局的“大写意”转入精耕细作的“工笔画”，向高质量发展转变，造福沿线国家人民，推动构建人类命运共同体。

12. 2018年12月18日　改革开放40周年大会召开

2018年12月18日，中共中央、国务院召开大会，隆重庆祝改革

开放40周年，中共中央总书记、国家主席、中央军委主席习近平发表重要讲话。讲话中提到，必须坚持扩大开放，不断推动共建人类命运共同体，要以共建“一带一路”为重点，同各方一道打造国际合作新平台，为世界共同发展增添新动力。

13. 2019年4月22日　《共建“一带一路”倡议：进展、贡献与展望》发布

2019年4月22日，推进“一带一路”建设工作领导小组办公室发布八个语种撰写而成的《共建“一带一路”倡议：进展、贡献与展望》报告，这是中国政府全面反映“一带一路”建设进展情况的官方报告，也是第二届“一带一路”国际合作高峰论坛的重要成果之一。

14. 2019年10月31日　《中共中央关于坚持和完善中国特色社会主义制度　推进国家治理体系和治理能力现代化若干重大问题的决定》指出要“推动共建‘一带一路’高质量发展”

2019年10月31日，党的十九届四中全会通过的《中共中央关于坚持和完善中国特色社会主义制度　推进国家治理体系和治理能力现代化若干重大问题的决定》第十三部分“坚持和完善独立自主的和平外交政策，推动构建人类命运共同体”指出要“坚持互利共赢的开放战略，推动共建‘一带一路’高质量发展，维护完善多边贸易体制，推动贸易和投资自由化便利化，推动构建面向全球的高标准自由贸易区网络，支持广大发展中国家提高自主发展能力，推动解决全球发展失衡、数字鸿沟等问题，推动建设开放型世界经济”。

15. 2020年10月29日　《中共中央关于制定国民经济和社会发展第十四个五年规划和二〇三五年远景目标的建议》全面阐释共建“一带一路”高质量发展

2020年10月29日，党的十九届五中全会通过的《中共中央关于

制定国民经济和社会发展第十四个五年规划和二〇三五年远景目标的建议》指出：推动共建“一带一路”高质量发展。坚持共商共建共享原则，秉持绿色、开放、廉洁理念，深化务实合作，加强安全保障，促进共同发展。推进基础设施互联互通，拓展第三方市场合作。构筑互利共赢的产业链供应链合作体系，深化国际产能合作，扩大双向贸易和投资。坚持以企业为主体，以市场为导向，遵循国际惯例和债务可持续原则，健全多元化投融资体系。推进战略、规划、机制对接，加强政策、规则、标准联通。深化公共卫生、数字经济、绿色发展、科技教育合作，促进人文交流。

二、重要机制

（一）国内支撑机制

1. 2015 年 2 月 1 日　推进“一带一路”建设工作领导小组亮相

2015 年 2 月 1 日，首次推进“一带一路”建设工作会议在北京召开，推进“一带一路”建设工作领导小组正式亮相。

2. 2017 年 9 月 30 日　中央机构编制委员会办公室批复成立国家发展和改革委员会“一带一路”建设促进中心——首个推进“一带一路”建设专门机构

2017 年 5 月 14 日，中国国家主席习近平在首届“一带一路”国际合作高峰论坛上宣布成立“一带一路”建设促进中心。2017 年 9 月 30 日，中央机构编制委员会办公室批复成立国家发展和改革委员会“一带一路”建设促进中心，2019 年 1 月 2 日正式运转。主要职责是：配合开展共建“一带一路”重大问题、政策法规、国际合作研究和国际形势分析研判，推进相关政策落实、战略规划和重大合作对接，实施相关对外合作、援助、培训和宣传，承担推进“一带一路”建设工作领导小组办公室交办的其他任务等。

（二）国际合作机制

1. 2017 年 5 月 14～15 日　首届“一带一路”国际合作高峰论坛举行

2017 年 5 月 14～15 日，首届“一带一路”国际合作高峰论坛在北京举行，主题为“加强国际合作，共建‘一带一路’，实现共赢发展”。来自 29 个国家的国家元首、政府首脑与会，来自 130 多个国家和 70 多个国际组织的 1500 多名代表参会，形成了 76 大项、270 多项具体成果，并在 2019 年 4 月全部落实。

2. 2018 年 6 月“一带一路”国际商事争端解决机制和机构建立

2018 年 6 月，中共中央办公厅、国务院办公厅印发《关于建立“一带一路”国际商事争端解决机制和机构的意见》，提出将在深圳、西安两地设立国际商事审判机构、组建国际商事专家委员会并构建多元化国际商事纠纷解决机制。两个国际商事法庭于 2018 年 6 月底正式挂牌，国际商事专家委员会也于 2018 年 8 月 26 日正式成立。

3. 2018 年 11 月 5～10 日　首届中国国际进口博览会举行

2018 年 11 月 5～10 日，以“新时代，共享未来”为主题的首届中国国际进口博览会在上海召开，是世界上首个以进口为主题的大型国家级展会。首届进博会吸引 172 个国家、地区和国际组织参会，3600 多家企业参展，超过 40 万名境内外采购商到会洽谈采购，展览总面积达 30 万平方米。习近平在题为《共建创新包容的开放型世界经济》的主旨演讲中指出：“中国将继续推进共建‘一带一路’，坚持共商共建共享，同相关国家一道推进重大项目建设，搭建更多贸易促进平台。”

4. 2019 年 4 月 25～27 日　第二届“一带一路”国际合作高峰论坛举行

2019 年 4 月 25～27 日，以“共建‘一带一路’、开创美好未来”为主题的第二届“一带一路”国际合作高峰论坛在北京举行。来自 37 个国家的元首、政府首脑等领导人出席圆桌峰会，来自 150 多个国家和 90 多个国际组织的近 5000 位外宾出席论坛。会议形成了共 6 大类 283 项成果，通过了《第二届“一带一路”国际合作高峰论坛圆桌峰会联合公报》。

5. 2019 年 11 月 5～10 日　第二届中国国际进口博览会在上海举行

2019 年 11 月 5～10 日，第二届中国国际进口博览会在上海举行。181 个国家、地区和国际组织参加，3800 多家企业参展，超过 50 万境内外采购商到会，展览面积增加到 36.6 万平方米。习近平在以《开放合作　命运与共》为题的主旨演讲中指出：“中国将秉持共商共建共享原则，坚持开放、绿色、廉洁理念，努力实现高标准、惠民生、可持续目标，推动共建‘一带一路’高质量发展。”

6. 2020 年 6 月 18 日　“一带一路”国际合作高级别视频会议举行

2020 年 6 月 18 日“一带一路”国际合作高级别视频会议举行。习近平主席在书面致辞中指出，愿同合作伙伴一道，把“一带一路”打造成团结应对挑战的合作之路、维护人民健康安全的健康之路、促进经济社会恢复的复苏之路、释放发展潜力的增长之路，通过高质量共建“一带一路”，携手推动构建人类命运共同体。“一带一路”国际合作高级别视频会议联合声明突出健康丝绸之路、数字丝绸之路新亮点。

7. 2020 年 11 月 4 日　第三届中国国际进口博览会开幕式在上海举行

2020 年 11 月 4 日，第三届中国国际进口博览会开幕式在上海举行。习近平主席在第三届中国国际进口博览会开幕式上的主旨演讲中指出，中国将同相关国家高质量共建“一带一路”，推动构建人类命运共同体。

此外，丝路国际智库网络（SiLKS）“一带一路”国际合作机制库收录 2013 年以来直接服务于“一带一路”的国际合作机制，其中政策沟通领域 9 个、设施联通领域 4 个、贸易畅通领域 2 个、资金融通领域 7 个、民心相通领域 22 个，共 44 个。

三、政策沟通

（一）共建“一带一路”倡议载入国际组织重要文件

共建“一带一路”倡议及其核心理念已写入联合国、二十国集团及其他区域组织等有关文件中。

1. 2015 年 5 月 8 日　中俄签署丝绸之路经济带与欧亚经济联盟对接声明

2015 年 5 月 8 日，习近平出访俄罗斯期间，与俄罗斯总统普京共同签署并发表了《中华人民共和国与俄罗斯联邦关于丝绸之路经济带建设与欧亚经济联盟建设对接合作的联合声明》，声明表示俄方支持丝绸之路经济带建设，愿与中方密切合作，推动落实该倡议。2018 年 5 月 17 日，中国与欧亚经济联盟签署经贸合作协定。

2. 2015 年 7 月 9 ~ 10 日　上合组织表态支持“一带一路”

2015 年 7 月 9 ~ 10 日，上海合作组织成员国元首理事会第 15 次会议在俄罗斯乌法举行。与会元首共同签署并发表了《上海合作组织成员国元首乌法宣言》，支持中国关于建设丝绸之路经济带的倡议。

3. 2016 年 9 月 5 日 《二十国集团领导人杭州峰会公报》通过关于建立“全球基础设施互联互通联盟”倡议

2016 年 9 月 4～5 日，二十国集团领导人杭州峰会举行，习近平在工商峰会开幕式上发表了题为《中国发展新起点 全球增长新蓝图》的主旨演讲。会议通过《二十国集团领导人杭州峰会公报》，核准“全球基础设施互联互通联盟倡议”，以加强基础设施互联互通项目的整体协调与合作。

4. 2016 年 11 月 17 日 “一带一路”倡议首次写入联合国大会决议——得到国际社会广泛支持

2016 年 11 月 17 日，第七十一届联合国大会协商一致通过第 A/71/9号决议。这是联合国大会首次在决议中写入中国的“一带一路”倡议，决议得到 193 个会员国的一致赞同，体现了国际社会对共建“一带一路”倡议的普遍支持。

5. 2017 年 3 月 17 日 联合国安理会首次载入“构建人类命运共同体”理念

2017 年 3 月 17 日，联合国安理会一致通过关于阿富汗问题的第 2344 号决议，首次载入“构建人类命运共同体”理念。

6. 2018 年 1 月 22 日 《“一带一路”特别声明》发布——“一带一路”倡议得到拉美国家广泛认同

2018 年 1 月 22 日，外交部长王毅出席在智利圣地亚哥举行的中国—拉美和加勒比国家共同体论坛第二届部长级会议。在本次会议上，中方介绍了“一带一路”倡议，得到与会各国热烈响应，中拉双方就此形成政治共识，共同发表《“一带一路”特别声明》，“一带一路”倡议得到拉美国家广泛认同。

7. 2018 年 7 月 10 日《中阿合作共建“一带一路”行动宣言》通过

2018 年 7 月 10 日，中国—阿拉伯国家合作论坛第八届部长级会议在北京举行。习近平在开幕式上作题为《携手推进新时代中阿战略伙伴关系》的讲话。国务委员兼外交部长王毅同阿方主席、沙特外交大臣朱拜尔共同主持。会议通过并签署了《北京宣言》《论坛 2018 年至 2020 年行动执行计划》《中阿合作共建“一带一路”行动宣言》等 3 份重要成果文件。

8. 2018 年 9 月 3 ~4 日　中非合作论坛北京峰会召开——共建中非命运共同体

2018 年 9 月 3 ~4 日，中非合作论坛北京峰会在北京举行，峰会达成共建“一带一路”重要共识，中非一致同意将“一带一路”同联合国 2030 年可持续发展议程、非盟《2063 年议程》和非洲各国发展战略紧密对接，并同意将论坛作为中非共建“一带一路”的主要平台。峰会期间，28 个非洲国家和非盟均与中国签订了“一带一路”政府间谅解备忘录。

（二）签署共建“一带一路”政府间合作文件的国家和国际组织数量逐年增加

截至 2020 年 11 月，我国已与 138 个国家和 31 个国际组织签署了 201 份共建“一带一路”文件，签署的范围涵盖联合国 193 个成员国的 71% 和我国 180 个建交国中的 76%[①]。共建“一带一路”国家已由亚欧延伸至非洲、拉美、南太等区域。

---

① 来源于网络。

1. 2016 年 9 月 19 日　联合国开发计划署与中国签署“一带一路”合作文件——首个签署“一带一路”合作文件的国际组织

2016 年 9 月 19 日，在纽约联合国总部，《中华人民共和国政府与联合国开发计划署关于共同推进丝绸之路经济带和 21 世纪海上丝绸之路建设的谅解备忘录》签署。这是中国政府与国际组织签署的第一份政府间共建“一带一路”的谅解备忘录，是国际组织参与“一带一路”建设的一大创新。

2. 2017 年 3 月 27 日　中国与新西兰签署“一带一路”合作文件——首个签署“一带一路”合作文件的西方发达国家

2017 年 3 月 26 ~ 29 日，国务院总理李克强访问新西兰。27 日，两国政府签署了《中华人民共和国政府和新西兰政府关于加强“一带一路”倡议合作的安排备忘录》，新西兰成为首个与中方签署“一带一路”合作文件的西方发达国家。

3. 2017 年 11 月 17 日　中国与巴拿马签署“一带一路”合作文件——首个签署“一带一路”合作文件的拉美国家

2017 年 11 月 16 ~ 24 日，巴拿马共和国时任总统巴雷拉访华，17 日同中国签署了《关于共同推进丝绸之路经济带和 21 世纪海上丝绸之路建设的谅解备忘录》，巴拿马成为首个与中方签署“一带一路”合作文件的拉美和加勒比国家。

4. 2018 年 4 月 8 日　中国与奥地利签署“一带一路”合作文件——首个签署“一带一路”合作文件的欧盟发达成员国

2018 年 4 月 8 日，奥地利总统范德贝伦访华期间，中国与奥地利正式签署《关于未来就共建“一带一路”倡议开展合作的联合声明》，奥地利成为首个与中方签署“一带一路”合作文件的欧盟发达成员国。

5. 2018 年 6 月 21 日　中国与巴布亚新几内亚签署“一带一路”合作文件——首个签署“一带一路”合作文件的太平洋岛国

2018 年 6 月 21 日，中国与巴布亚新几内亚签署《中华人民共和国政府与巴布亚新几内亚独立国政府关于共同推进丝绸之路经济带和 21 世纪海上丝绸之路建设的谅解备忘录》，巴布亚新几内亚成为太平洋岛国地区首个与中方签署“一带一路”合作文件的国家。

6. 2018 年 7 月 21 日　中国与塞内加尔签署“一带一路”合作文件——首个签署“一带一路”合作文件的西非国家

2018 年 7 月 21 日，中国和塞内加尔签署了共建“一带一路”合作文件，塞内加尔成为首个与中方签署“一带一路”合作文件的西非国家。

7. 2019 年 3 月 23 日　中国与意大利签署“一带一路”合作文件——首个签署“一带一路”合作文件的七国集团成员国

2019 年 3 月 21 ~ 24 日，习近平对意大利进行国事访问。23 日，中意双方签署政府间关于共同推进“一带一路”建设的谅解备忘录。意大利成为首个与中方签署“一带一路”合作文件的七国集团（G7）成员国。

四、设施联通

（一）国际经济合作走廊和通道建设取得明显进展

新亚欧大陆桥、中蒙俄、中国—中亚—西亚、中国—中南半岛、中巴和孟中印缅等六大国际经济合作走廊将亚洲经济圈与欧洲经济圈联系在一起，为建立和加强各国互联互通伙伴关系，构建高效畅通的亚欧大市场发挥了重要作用。

1. 2014 年 9 月 11 日　提出打造中蒙俄经济走廊

2014 年 9 月 11 日，中国国家主席习近平出席中俄蒙三国元首会晤时提出，将丝绸之路经济带同俄罗斯跨欧亚大铁路、蒙古国草原之路倡议对接，打造中蒙俄经济走廊。

2. 2015 年 4 月 20 日　中巴经济走廊正式启动——“一带一路”的旗舰项目

2015 年 4 月 20 ~ 21 日，习近平访问巴基斯坦期间，中巴确立以走廊为中心，瓜达尔港、交通基础设施、能源、产业合作为重点的“1 +4”合作布局，这标志着中巴经济走廊项目的正式启动。中巴经济走廊项目是推动共建“一带一路”的旗舰项目和重要抓手。

3. 2016 年 6 月 23 日　《建设中蒙俄经济走廊规划纲要》签署——首个“一带一路”框架下的多边合作规划纲要

2016 年 6 月 23 日，中国、俄罗斯、蒙古国三国元首共同见证签署了《建设中蒙俄经济走廊规划纲要》，这是共建“一带一路”框架下的首个多边合作规划纲要。

4. 2016 年 9 月 2 日　中哈签署“丝绸之路经济带”建设与“光明之路”新经济政策对接合作规划——“一带一路”框架下首份双边合作规划，构建中国—中亚—西亚国际经济合作走廊迈出的重要一步

2016 年 9 月 2 日，中国与哈萨克斯坦两国元首共同见证签署《“丝绸之路经济带”建设与“光明之路”新经济政策对接合作规划》，这是共建“一带一路”倡议框架下签署发布的第一个双边合作规划，既是中哈两国之间加强发展战略对接、深化务实合作的一项顶层设计，也是构建中国—中亚—西亚国际经济合作走廊迈出的重要一步。

5. 2017 年 11 月 14 日　中老签署政府间共建中老经济走廊的谅解备忘录，中国—中南半岛经济走廊建设取得积极进展

2017 年 11 月 14 日，在中共中央总书记、国家主席习近平和老挝国

家主席本扬见证下，中国国家发展改革委主任何立峰和老挝计划投资部部长苏潘签署政府间《关于共同推进中老经济走廊建设的谅解备忘录》，中国—中南半岛经济走廊建设取得积极进展。

6. 2017 年 11 月 27 日　第六次中国—中东欧国家领导人会晤发表《中国—中东欧国家合作布达佩斯纲要》，标志着新亚欧大陆桥经济走廊建设进一步深化

2017 年 11 月 27 日，第六次中国—中东欧国家领导人会晤发表《中国—中东欧国家合作布达佩斯纲要》，强调愿以中东欧“16 +1 合作”[①] 为依托，继续共商、共建、共享“一带一路”，推动“一带一路”倡议与欧洲投资计划等重大倡议和各国国家发展规划相对接。2018 年 7 月，第七次中国—中东欧国家领导人会晤发表《中国—中东欧国家合作索非亚纲要》，支持“一带一路”建设同中欧互联互通平台、泛欧交通网络西巴尔干延长线以及相关周边合作倡议相对接。2019 年 4 月，第八次中国—中东欧国家领导人会晤发表《中国—中东欧国家合作杜布罗夫尼克纲要》，重点在欧洲投资计划、泛欧交通网络及其西巴尔干延长线和相关地区倡议方面开展合作。

7. 2018 年 9 月 9 日　中缅签署政府间共建中缅经济走廊的谅解备忘录——中缅经济走廊迈出重要一步

2018 年 9 月 9 日，中国国家发展改革委主任何立峰与缅甸计划与财政部部长吴梭温分别代表两国政府签署了《中华人民共和国政府与缅甸联邦共和国政府关于共建中缅经济走廊的谅解备忘录》。建设中

① 2012 年 4 月，中国—中东欧国家“16 +1 合作”正式启动，其中中东欧 16 国为：阿尔巴尼亚、波黑、保加利亚、克罗地亚、捷克、爱沙尼亚、匈牙利、拉脱维亚、立陶宛、黑山、北马其顿、波兰、罗马尼亚、塞尔维亚、斯洛伐克和斯洛文尼亚。2019 年 4 月，第八次中国—中东欧国家领导人会晤期间，希腊作为正式成员加入。

缅经济走廊的设想由中方提出，是“一带一路”倡议中的一环。

（二）基础设施互联互通水平大幅提升

特别是铁路合作方面，以中老铁路、中泰铁路、匈塞铁路等合作项目为重点的区际、洲际铁路网络建设取得重大进展。

1. 2015 年 11 月 23 日　匈塞铁路项目启动——“一带一路”建设和中国—中东欧国家合作的标志性项目

2015 年 11 月 23 日，匈塞铁路项目塞尔维亚段举行启动仪式，李克强总理致信祝贺，塞尔维亚总理武契奇出席并致辞，国家发展改革委副主任王晓涛赴塞尔维亚诺维萨德出席启动仪式。2018 年 6 月 5 日，匈塞铁路项目塞尔维亚贝尔格莱德—旧帕佐瓦段项目开工建设。2019 年 4 月 25 日，在国家主席习近平与来华参加第二届“一带一路”国际合作高峰论坛的塞尔维亚总统武契奇共同见证下，匈塞铁路塞尔维亚诺维萨德—苏博蒂察段项目贷款协议正式签署。同日，中匈企业联合体中标匈塞铁路匈牙利段工程建设项目，是我国企业首次中标欧盟铁路基础设施项目。

2. 2015 年 12 月 2 日　中老铁路开工奠基

中老铁路于 2015 年 12 月 2 日开工奠基。时任中共中央政治局常委、全国人大常委会委员长张德江，老挝人民革命党总书记朱马里出席开工奠基仪式。2016 年 12 月 25 日，中老铁路全线开工仪式举行，计划 2021 年 12 月建成通车。中老铁路建成后将与中国铁路网直接连通，对中国与东盟铁路互联互通具有重要意义。

3. 2016 年 6 月 20 日　统一品牌的中欧班列首抵欧洲

2016 年 6 月 8 日，中国铁路正式启用中欧班列统一品牌。6 月 20 日，国家主席习近平同波兰总统杜达在华沙共同出席统一品牌的中欧班列首达欧洲（波兰）仪式，这是首次中欧班列使用统一品牌和标识抵达欧洲。

4. 2016 年 10 月 8 日　中欧班列建设发展规划印发——中欧班列建设发展的首个顶层设计

2016 年 10 月 8 日，推进“一带一路”建设工作领导小组办公室印发《中欧班列建设发展规划（2016—2020）》，全面部署今后 5 年中欧班列建设发展任务，这是中国发布的第一份关于中欧班列建设的指导文件。

5. 2017 年 4 月 20 日　七国铁路部门签署《关于深化中欧班列合作协议》——中欧班列受到周边国家认同

2017 年 4 月 20 日，中国、白俄罗斯、德国、哈萨克斯坦、蒙古国、波兰、俄罗斯七国铁路部门正式签署《关于深化中欧班列合作协议》。这是中国铁路部门第一次与“一带一路”沿线主要国家铁路部门签署有关中欧班列开行方面的合作协议。

6. 2017 年 5 月 31 日　蒙内铁路正式通车——海外首条采用“中国标准”的干线铁路

2017 年 5 月 31 日，蒙内铁路正式通车。铁路全长 480 千米，连接肯尼亚东部港口城市蒙巴萨和首都内罗毕。这是肯尼亚独立后首条新建铁路，由中国公司承建，全线采用中国标准。同时，蒙内铁路也是海外首条采用“中国标准”全方位运营维护的国际干线铁路。

7. 2017 年 12 月 21 日，中泰铁路合作项目举行项目一期工程（曼谷—呵叻段）开工仪式

中泰铁路合作项目于 2017 年 12 月 21 日在泰国呵叻举行项目一期工程（曼谷—呵叻段）开工仪式。李克强总理致信祝贺项目开工，并委派国家发展改革委副主任王晓涛现场宣读贺信，泰国巴育总理出席开工仪式并致辞。

五、贸易畅通

2017 年 5 月 13 日　中国与格鲁吉亚签署自贸协定——“一带一路”倡议提出后签署的首个自贸协定

2017 年 5 月 13 日，中国与格鲁吉亚正式签署自贸协定。这是我国与欧亚地区国家签署的第一个自贸协定，也是“一带一路”倡议提出后我国启动并达成的第一个自贸协定。该协定已在 2018 年 1 月 1 日正式生效。2019 年以来，中国与东盟、智利的自贸区升级，与毛里求斯签署自贸协定，与巴基斯坦自贸协定第二阶段议定书生效，与新西兰结束自贸协定升级谈判，区域全面经济伙伴关系协定（RCEP）15 个成员国在整体上结束了谈判[①]。

截至 2019 年 10 月，我国与沿线国家货物贸易额累计超过 7.5 万亿美元[②]。中国与东盟、巴基斯坦、格鲁吉亚等多个国家和地区签署或升级了自由贸易协定，与欧亚经济联盟签署经贸合作协定，与沿线国家的自由贸易区网络体系逐步形成[③]。

六、资金融通

1. 2014 年 11 月 8 日　宣布成立丝路基金——“一带一路”专项投资基金

2014 年 11 月 8 日，中国国家主席习近平在“加强互联互通伙伴关系”东道主伙伴对话会上宣布中国将出资 400 亿美元成立丝路基金，为“一带一路”沿线国家基础设施、资源开发、产业合作和金融合作等与互联互通有关的项目提供投融资支持。2014 年 12 月 29 日，丝路基金正式启动运作。

---

①②③　来源于网络。

2. 2015 年 12 月 25 日　亚洲基础设施投资银行成立——首个由中国倡议设立的多边金融机构

这是全球首个由中国倡议设立的多边金融机构，重点支持基础设施建设，促进亚洲区域的建设互联互通化和经济一体化进程。目前，亚投行拥有 100 个成员。

3. 2017 年 5 月 14 日　27 国核准《“一带一路”融资指导原则》

2017 年 5 月 14 日，为推进“一带一路”融资体系建设，在中方倡议和推动下，中国财政部与阿根廷、白俄罗斯、柬埔寨、智利、捷克、埃塞俄比亚、斐济、格鲁吉亚、希腊、匈牙利、印度尼西亚、伊朗、肯尼亚、老挝、马来西亚、蒙古国、缅甸、巴基斯坦、卡塔尔、俄罗斯、塞尔维亚、苏丹、瑞士、泰国、土耳其、英国 26 国财政部共同核准了《“一带一路”融资指导原则》。2018 年 11 月，新加坡核准《“一带一路”融资指导原则》。

4. 2019 年 4 月 25 日　《“一带一路”绿色投资原则》签署仪式在北京举行

作为中英经济财金对话的重要成果，中国金融学会绿色金融专业委员会与伦敦金融城于 2018 年 11 月在伦敦公布了《“一带一路”绿色投资原则》的文本。2019 年 4 月 25 日，《“一带一路”绿色投资原则》签署仪式在北京举行。签署机构包括参与“一带一路”投资的主要中资金融机构以及来自法国、德国、日本、哈萨克斯坦、卢森堡、蒙古国、巴基斯坦、新加坡、瑞士、阿联酋和英国的主要金融机构。

七、民心相通

民心相通领域进展较多，不一一列举。

八、产业合作

（一）中国对沿线国家的直接投资平稳增长

截至2020年10月，我国对沿线国家投资累计约1241.1亿美元，对外承包工程新签合同额累计超过8425.1亿美元①。

（二）第三方市场合作稳步推进

2015年6月30日　法国成为首个与我国建立第三方市场合作机制的国家

2015年6月30日，中法发表第三方市场合作联合声明，法国成为首个与我国建立第三方市场合作机制的国家。目前，中国已与14个国家建立第三方市场合作机制。

（三）合作园区蓬勃发展

2015年5月10日　提出重点打造中白工业园

2015年5月10日，国家主席习近平在明斯克同白俄罗斯总统卢卡申科举行会谈。习近平主席指出，要把中白工业园项目打造成丝绸之路经济带上的明珠和双方互利合作的典范。截至2019年10月，我国企业在沿线国家的境外经贸合作区累计投资340亿美元，入区企业约4500家，上缴东道国税费28亿美元，为当地创造超过30万个就业岗位②。

① https：//news. cctv. com/2020/11/20/ARTI4FRM7y7X252t5UdCWziN201120. shtml.

② http：//www. xinhuanet. com/fortune/2019－12/07/c_ 1125318387. htm.